EL ARCO ETERNO

EL ARCO ETERNO

©CTS Publications, septiembre 2021

Revisión:
Alfredo Caravaca,
Israel Piqueras,
Mari Mar Cubillo

Diseño de portada y enmaquetación:
Sol Graciela Vloebergh

ISBN: 9798542049496

Índice

Prólogo

Conozco pocas personas que disfruten tanto la lectura y el estudio de las Escrituras como mi amigo y compañero en el ministerio Andrés Bonikowsky, pero su deseo es que en la vida de los demás lleguen también a ser una realidad que afecte su andar diario con el Señor.

Después de casi 24 años colaborando y ministrando juntos, he podido ver cómo su vida ha sido y sigue siendo transformada por la lectura fiel y disciplinada de la Biblia. Siempre me ha impactado la pasión que tiene para que otros reciban las bendiciones que solo aquellos que confían en la fieles promesas del Señor pueden experimentar.

Este libro de devociones no solo contiene palabras de ánimo y exhortación, sino que revela cómo las palabras de vida contenidas en el libro por excelencia, la Biblia, afectan el andar de una persona, y cómo esa persona puede afectar a muchas otras cuando cree de todo corazón en las promesas que Dios nos da en Su Palabra.

Una de las cosas de las que he aprendido de mi compañero Andrés es a tomar una promesa de la Palabra de Dios, a creerla y hacerla mía cada día de mi vida, a confiar en Aquel que ha prometido y a descansar en ella con una fe sencilla. He *aprendiendo a esperar sin ningún temor, pues puedo descansar sabiendo que con Dios nada pasa por accidente y que el tiempo de Dios es perfecto.*

Estoy seguro de que este libro de devociones será de gran ánimo y bendición para todo aquel que lo lea, pero invito al lector no solo a mirar unas palabras impresas en papel, le invito también a disfrutar intensamente cada palabra, ya que el objetivo de cada pensamiento es guiar nuestros ojos a Aquel que es el único digno de toda nuestra confianza y gloria.

Juan Álvarez
Septiembre, 2021

Querido lector:

Podrás observar que al principio de cada devocional he incluido una lectura sugerida. Es muy importante tenerla en cuenta, especialmente para aquellos que no estén familiarizados con el contexto de las escenas bíblicas que presento y también debe ser tenida en cuenta por creyentes nuevos. El artículo y la enseñanza siempre tendrán más sentido si se han tomado esos minutos adicionales para informarse acerca de los personajes y de los lugares donde han ocurrido los eventos.

Que Dios te bendiga.

Andy

1

La primera obediencia

Lectura: Génesis 1:1-3 y Mateo 9:9-13

> *Y dijo Dios: Sea la luz; y fue la luz.*
> *Pasando Jesús de allí, vio a un hombre*
> *llamado Mateo, que estaba sentado al*
> *banco de los tributos públicos, y le dijo:*
> *Sígueme. Y se levantó y le siguió.*
>
> Génesis 1:3 y Mateo 9:9

L A PRIMERA obediencia a la voz de Dios en la Biblia la protagonizó la luz. ¿O fue la nada? Los hechos parecen ser más bien que Dios habló a la nada y mandó existir a la luz. La nada respondió, de alguna manera, y hubo luz.

Claro está que esto suena algo raro, pero cuando nos enfocamos en la creación de esta manera, entendemos una verdad Bíblica muy importante. Dios es quien habla y ejecuta. Él es el origen fundamental de todo lo bueno que jamás haya sido creado o que haya sucedido. Cuando el Señor dio la orden al vacío sordo y mudo, brotó nuestra realidad.

Y el proceso siguió después de que fuera creada la luz, cuando aparecieron el firmamento y las aguas y finalmente la tierra. A continuación habló Dios y toda la hierba y los árboles saltaron a la vista. Otra vez sonó la Palabra creadora y se encendieron el sol, la luna y las estrellas.

Los siguientes en responder obedientemente a la voz del Hacedor fueron los pájaros y los animales marinos, seguidos de toda criatura que existe sobre la faz de la tierra. Entonces, al final, llegó el momento culminante, aunque con alguna sorpresa. Esta vez Jehová no habló ni dio ninguna orden, sino que recogió en su mano algo del polvo ya creado y personalmente formó al hombre. Luego, de él, hizo a la mujer.

Toda la secuencia de la creación sucedió en una cadena de perfecta obediencia a las palabras de Dios.

¿Y cómo podría ser de otra manera?

Fue todo una historia maravillosa, gloriosa y correcta. El Creador y Su creación se comunicaban en perfecta armonía. La voz divina produjo fruto instantáneo.

Todo el misterio y la maravilla del evento estuvo en la poderosa Palabra que salió de Dios. El sonido fue dirigido a un impotente espacio vacío, que en sí no podía hacer nada. Pero con la Palabra llegó también el poder para obedecer. Al final, ¡todo era de Dios!

Esa fórmula perfecta no ha cambiado en absoluto con el paso de los siglos. El proceso de la fe sucede cuando el hombre incapaz escucha la Palabra, y la abraza sabiendo que junto a ella llegará también el poder para obedecer.

El que tiene oídos para oír hará caso a la Palabra de Dios. No pretenderá tener algún talento o capacidad especial, sino que esperará que esta llegue con la Palabra que escucha. Al fin y al cabo la fe viene por el oír, y el oír por la Palabra de Dios.

Esa Palabra, ese Verbo que era en el principio, que era con Dios y que era Dios, sigue hablando por las Escrituras. Clama al hombre con palabras que no pueden ser malentendidas... solo desobedecidas.

"Sígueme".

Qué trágico es que ya desde el huerto de Edén el hombre utilice la capacidad de voluntad propia que Dios le dio para ir en contra del ejemplo que le dio la luz, el firmamento, el árbol y el sol. Esa cualidad, que es su corona, se ha convertido en su lazo mortal.

Hoy el desafío se mantiene. Nadie me obliga a responder correctamente, así como lo hace la naturaleza que me rodea. No, sino que es mi privilegio obedecer voluntariamente, con gratitud, con alabanza, con asombro.

Amado Padre, miro hacia ti y quiero obedecerte. Ayúdame a recordar que en el momento en que leo tu Palabra y escucho tu voz, también me estás ofreciendo el poder para decir: "Sí, Señor" y actuar en consonancia. Amén.

2

Ignorancia de la buena

Lectura: Génesis 2:1-17

> Y mandó Jehová Dios al hombre, diciendo:
> De todo árbol del huerto podrás comer;
> mas del árbol de la ciencia del bien y del
> mal no comerás; porque el día que de
> élcomieres, ciertamente morirás.
>
> Génesis 2:16-17

UNA DE las primeras lecciones que Dios le enseña al hombre es que hay ciertas cosas que no puede entender.

Antes de que el hombre y la mujer existieran Dios instaló en el huerto una ilustración viva y prominente de que algunas cosas, aunque visibles, no eran para tocar. O sea, era correcto que existieran con nosotros, pero no era el plan que lo pudiésemos comprender. Adán y Eva tenían a su alcance una fuente de conocimiento inmenso, y la capacidad de obtenerlo, pero solo si desobedecían la orden y el deseo de su

Creador. Él sí podía conocer los misterios del árbol y su fruto — pero ellos no.

Ahora bien, la exploración en sí no es mala. Desde luego que la Biblia no lo prohíbe. Pero hay límites establecidos por Dios en algunas áreas; áreas en donde no debemos pisar, aunque sean buenas. Esta manera de pensar no está muy de moda, ya que en nuestra era moderna el hombre piensa que es su derecho explorar lo que quiera. Si lo puede ver o escuchar o tocar, o incluso imaginar, tiene permiso automático para investigarlo.

Pero es incorrecto pensar así.

Este mundo tan maravilloso y enigmático es de Dios. No tenemos todas las llaves del conocimiento ni podemos husmear por donde nos dé la gana sin más. Podemos levantar el grito de que somos libres, pero eso no es más que orgullo, rebelión y rechazo de la realidad.

Jehová ha determinado que para el hombre hay fronteras que no debe cruzar y barreras que no debe saltar. Por ejemplo, hay fuentes de información que nos son accesibles pero que la Palabra de Dios llama abominación. Tengamos cuidado de no meter la nariz para oler mejor en un lugar donde el Señor ha prohibido la entrada.

Y esto se aplica a otras áreas. Hay verdades bíblicas que se deben aceptar tal cual, sin insistir en entender lo incomprensible. De la misma manera, nos enfrentamos a situaciones cotidianas que no podemos comprender. Le damos mil vueltas a un asunto que no entendemos, perdiendo horas y días, y no llegamos a nada. Como este árbol del Edén, insiste en estar delante de nosotros, rodeado de una densa niebla que no podemos penetrar.

No hay nada malo con esta situación. Dios es Dios y nosotros sus criaturas. Está en su derecho de plantar cuantos árboles quiera en nuestro camino y sin obligación de darnos más información.

¿Hay algo así en tu vida ahora mismo? ¿Estás en alguna circunstancia a la cual no le encuentras ningún sentido? Pues posiblemente es esta una de esas ocasiones cuando es necesario y bueno ser ignorante. Puede que no sea divertido ni tampoco lo que hubiéramos escogido; pero por el momento es lo que hay, y en su soberana sabiduría Dios lo quiere así.

No repitamos el terrible error de nuestros antepasados.

Amado Padre, siempre quiero respuestas. Por naturaleza creo que la ignorancia es mala, y que si hay algo que desconozco me estoy perdiendo algo bueno que merezco. Enséñame que mi máxima prioridad es conocerte a Ti y tu buena voluntad. Cualquier otra cosa no es tan importante como me pueda parecer. Amén.

3

El seleccionador de cónyuges

Lectura: Génesis 2:18-25 y Rut 3:1-4:13

> Y de la costilla que Jehová Dios tomó
> del hombre, hizo una mujer, y la trajo al
> hombre... Bendita seas tú de Jehová, hija
> mía... yo te redimiré, vive Jehová.
> Descansa, pues, hasta la mañana.
>
> Génesis 2:22 y Rut 3:10,13

DIOS NO escogió a uno cualquiera para ser el tatarabuelo de David. Era rico, era poderoso y era respetado; pero aún más importante que eso, Booz era un hombre piadoso.

Dirigía su negocio en medio de un ambiente espiritual. Tanto fue así, que cuando llegó a sus campos para supervisar el trabajo, es probable que la conversación con sus empleados ocurriera de esta forma: "¡Hermanos! ¡Que las bendiciones de Jehová estén con vosotros!" Y probablemente ellos responderían con entusiasmo: "Y Jehová te bendiga a ti también, Jefe."

¡Vaya! Observemos algunos datos más sobre este extra-ordinario hombre.

Era paciente y también soltero. Quizá no había leído Génesis 1 y 2, pero lo que está claro es que entendía muy bien los conceptos que Dios enseña en ese pasaje.

En el principio Dios había presentado un modelo perfecto para la elección de un cónyuge. Primero preparó la escena al encargarle a Adán que nombrara a todos los animales. Mientras que el hombre iba ideando un nombre para cada especie de ese zoológico tan peculiar que se llamaba Edén, una cosa le empezó a quedar muy clara: todas las criaturas de la tierra tenían pareja, menos él. Adán estaba totalmente solo, y pronto comenzó a desear una compañera también. Así que Dios le hizo una cirugía. Cuando el hombre despertó de su profundo sueño, el Señor vino a él con su bellísima sorpresa. ¡Debió ser Su momento favorito de los seis días de la creación! ¡Qué escena! Podemos estar seguros de que trajo gran gozo al corazón de Dios verlo en directo. Fue tan sagrado, tan bonito, tan puro, tan adecuado.

Miles de años más tarde, Booz estaba esperando lo mismo, del mismo Dios, deseando una esposa también, y el Señor iba a honrar su fe y su paciencia. Sin duda alguna, su riqueza y su influencia le habrían proporcionado muchas oportunidades de encontrar una compañera, pero no era el proceder de este hombre. Él sabía que la mejor manera de encontrar la mujer correcta era dejar que el Señor la escogiera por él, aunque tardase años en hacerlo... y eso es precisamente lo que pasó.

A Booz la fe y la paciencia le dieron muy buenos resultados, y eso es así siempre para todos. Animemos a la generación joven a que no se deje llevar por el espíritu de esta era, ni por la vanidad de la juventud, ni por las presiones de la cultura, ni por cualquier otra cosa que vaya en contra del sentido puro y sencillo de la Biblia. El mundo en que vivimos parece dar por sentado que los jóvenes deben salir a buscar a sus cónyuges, y que automáticamente tienen sabiduría para reconocer el amor verdadero. Tristemente, muchos lo hacen, despreciando la enseñanza de las Escrituras y el consejo de padres y pastores. Lo que sigue no suele ser bonito ni suele terminar bien.

"Buscad primeramente el reino de Dios...", "Honra a tu padre y a tu madre" y "Espera en Jehová" serán palabras antiguas, pero son verdades como puños, completamente aplicables a nuestros días. No hay otra manera de encontrar al cónyuge escogido por Dios, si es que Dios quiere que te cases, si no es guardando y aplicando estas verdades.

Amado Padre, protege a nuestros jóvenes del empuje de este siglo, de seguir el manual del mundo. Ayúdanos a enseñarles con nuestro ejemplo, no corriendo según nuestras propias

pautas y estrategias sino esperando,
confiando y dejando que Tú nos
traigas lo mejor. Amén.

4

La pieza central del Eden

Lectura: Génesis 3:1-10

> *Pero del fruto del árbol que está en medio del huerto dijo Dios: No comeréis de él, ni le tocaréis, para que no muráis.*
>
> Génesis 3:3

DIOS PLANTÓ el árbol justo en medio del Edén, y así era imposible que Adán y Eva no lo viesen constantemente cada día. Era la pieza central del huerto.

Ahora bien, ver el árbol no era ningún pecado, pero comer de él sí. De esta manera, la posibilidad de cometer iniquidad siempre estaba presente.

¿Y acaso no es igual para nosotros? Todos nosotros estamos rodeados de cosas prohibidas; de objetos o actividades impropias muy cerca de nuestros dedos, ojos y oídos. Quizás no sean el árbol del conocimiento del bien y del mal, pero son oportunidades de pecar que están en medio de nuestro camino, en el camino de la voluntad de Dios. Por esta razón, sabiendo que el Señor las ha permitido, nos podemos a veces preguntar: ¿Señor, por qué has dejado esto delante de mí? ¿Por qué no lo quitas?

Pero curiosamente, ese objeto o situación mala no desaparece. Aunque ayunemos y oremos, ese árbol no se mueve. ¿Y por qué sucede esto?

Porque Dios lo quiere ahí. Lo puso ahí a propósito, y fue Él, no Satanás. Desea que se quede ahí, para que lo vea, lo considere y busque su significado.

¿Hay árboles así en tu vida? ¡Claro que sí! Y quizás has pensado en alguna ocasión que Dios es injusto por dejarlos ahí, con su fruto colgado delante de ti, como un postre suculento y tentador.

Pero vamos a mirar el árbol desde otro punto de vista, porque creo que así también podremos entender mejor nuestra situación. Desde luego que hay mucho misterio, y seguramente hay temas tan profundos que en esta vida nunca los podremos entender. Sin embargo, pienso que hay lecciones prácticas y objetivas que sí pueden ser relevantes y de bendición. Veamos algunas de ellas:

En primer lugar, evidentemente Dios quiere que aprendamos a decir NO. Esto no es para fastidiarnos o para burlarse de nosotros, sino que es un ejercicio en esa disciplina tan esencial para cada cristiano como es negarse a sí mismo.

El árbol es también un recordatorio constante de que aquí no mando yo. Quien da las órdenes y pone las normas es el Creador, no la criatura. Yo no soy dueño del huerto, lo es Dios. Él tiene la última palabra y no yo.

Finalmente, encontramos algo muy positivo cuando miramos al árbol en el contexto del huerto. ¡Resulta que estamos rodeados de un bosque entero que sí está a nuestro alcance! Por donde mires, puedes ver la generosidad y creatividad de nuestro maravilloso Dios.

Nos ha regalado árboles majestuosos que nos llenan de asombro solo con verlos. Hay montones de frutales que nos ofrecen sus frutos deliciosos, perfectos para desayunar, para tomar un postre o simplemente disfrutar de un capricho. Luego tenemos también madera dura, blanda, fuerte, ligera, colorida, perfumada y con tantas otras propiedades, excelentes para miles de usos prácticos y estéticos.

¡Estamos rodeados de la grandeza y bondad de Dios! Y este árbol solitario nos puede ayudar a enfocarnos en todo lo que sí nos ha provisto el Creador y no hacer caso al susurro traicionero del mentiroso Satanás, que quiere destruir nuestra felicidad.

Amado Padre, gracias por los árboles prohibidos que has puesto en mi vida. Reconozco tu legítima autoridad para determinar lo que debo o no debo tocar. Quiero siempre estar agradecido por los innumerables placeres y delicias que has puesto a mi alrededor. Amén.

5

Un paseo muy largo

Lectura: Génesis 3 y 5:18-24

> Y oyeron la voz de Jehová Dios que se paseaba en el huerto, al aire del día; y el hombre y su mujer se escondieron de la presencia de Jehová Dios entre los árboles del huerto. Mas Jehová Dios llamó al hombre, y le dijo: ¿Dónde estás tú? Caminó, pues, Enoc con Dios, y desapareció, porque le llevó Dios.
>
> Génesis 3:8-9 y 5:24

LA PRIMERA pareja de la historia ahora no quería caminar con Dios. Lo habían hecho muchas veces antes, y era uno de los placeres supremos del Edén; pero ese paseo especial con el Señor al atardecer ya no era para ellos tan deseable como al principio.

Se encontraban escondidos en la oscuridad del bosque. El aire se había vuelto algo frío y estaba cargado de una terrible sensación de temor. ¡Qué triste! ¡No querer pasear con su Creador!

Pasó el tiempo y mil años más tarde Jehová seguía buscando compañeros para pasear. Seguro que hubo otros durante esos siglos que le honraron y adoraron, pero el relato bíblico dice muy poco al respecto. Sí que podemos hallar evidencias de santidad y clamor a Dios, aunque, en general, el clima moral del hombre estaba en un marcado descenso.

Pero un día el ojo de águila divino se fijó en cierto hombre. Este señor, que vivía en una sociedad al borde de la desintegración, había tenido un hijo a los sesenta y cinco años. Ese niño, Matusalén, viviría más de 900 años y entraría en el libro de los récords de la humanidad como el más longevo de la historia. Pero ese Matusalén no era el único que en el día de su nacimiento inició una aventura larga y memorable. También su padre, Enoc, comenzó un viaje fantástico. Y aunque no sabemos exactamente cómo llegó a tomar la decisión, sí sabemos que terminó convirtiéndose en una leyenda aún más famosa que su hijo.

La Biblia dice que cuando nació Matusalén su padre comenzó a caminar con Dios… y esa excursión continuó 300 años. ¡Vaya ultramaratón! Aunque en cierto modo, el paseo de Enoc con Dios nunca terminó. Un día, cuando tenía 365 años, salió de casa, sin planes especiales más que meditar a solas con Dios… y nadie le volvió a ver jamás. Con la brevedad de un telegrama, las Escrituras simplemente nos dicen: Y lo llevó Dios.

No hay nada parecido en toda la Biblia, con la excepción, quizás, de Elías. Y esto obliga a una pregunta: ¿Por qué esa desaparición tan sorprendente? ¿Qué motivo podría tener Dios para hacer algo tan extraño?

Pienso que una de las razones es muy sencilla — para que paremos, volvamos a leer el versículo, nos rasquemos la cabeza, limpiemos de nuevo las gafas, y finalmente digamos: ¡Eso es increíble!

Y es que hay algo muy importante aquí que debemos entender. Dios no hizo el Edén, con todo el universo que lo rodeaba, para que los hombres y las mujeres se divirtiesen como si estuvieran en un parque temático. ¡Ni hablar! El universo fue creado como escenario para la relación más sublime que pudiera existir entre seres vivos: la relación del hombre con Dios.

Realmente no importa qué hacemos, quiénes somos, dónde estamos o qué apariencia tenemos. Ayer, hoy y mañana el Señor del cielo quiere que reconozcamos nuestro pecado, nuestra pobreza espiritual, y volvamos a caminar con Él. Ahora bien, es verdad que las reglas del paseo las establece Él, pero son de placer mutuo y eterno. ¡Dios te hizo para disfrutar de comunión con Él para siempre!

¿Cuándo empezaste a caminar con Dios? ¿Sigues caminando con Él hoy? Si tu respuesta es no, ¿por qué no?

Amado Padre, guárdame del pecado y las distracciones necias que enfrían mi deseo por tu presencia. Dame la sabiduría de Enoc junto con su determinación para caminar contigo a pesar del ambiente mundano que me rodea. Permite que camine contigo hasta el día en que tú me digas: Sube a donde yo estoy. Amén.

6

El trío abominable

Lectura: Génesis 4:1-5

> *Caín trajo del fruto de la tierra una ofrenda a Jehová... Y se ensañó Caín en gran manera, y decayó su semblante... Y él respondió: No sé. ¿Soy yo acaso guarda de mi hermano?*
>
> Génesis 4:3, 5, 9

NO TUVO que pasar mucho tiempo antes de que Adán y su mujer comenzaran a recibir los frutos de su rebelión de forma abundante. Su hijo Caín, el primer primogénito de la raza humana, les mostró muy pronto los efectos del pecado en toda su plenitud.

Sí, fue el hijo malo número uno, pero indudablemente su nacimiento fue espectacular; fue la primera de miles de millones de ocasiones en que unos padres miraron atónitos a su bebé recién nacido. Sin embargo, la semilla de iniquidad que habían sembrado Adán y Eva estaba profundamente implantada en el alma del niño y pronto crecería hasta llegar a ser una monstruosa máquina de aflicción y horror.

Si miramos con atención al desastre de la primera familia, veremos tres aspectos del comportamiento de Caín que forman un trío despreciable. Estos malvados compañeros, habiéndose presentado a las afueras del antiguo Edén, siguen intentando envenenar todos los hogares de la tierra. Aunque pueden actuar individual e independientemente, parecen llevar a cabo mejor su sucio cometido cuando trabajan juntos. Cada uno de ellos es un enemigo letal de la familia y nunca deberían ser tolerados. En cuanto asoman en las actitudes o acciones de nuestros hijos deberíamos tomar medidas inmediatamente con el fin de erradicarlos para siempre, si es posible. Si no lo hacemos, el desastre es inevitable.

En primer lugar hubo desobediencia. Según 1ª de Juan 3:12, Caín abiertamente siguió el impulso del Maligno. Nuestros "angelitos" deberían aprender pronto que la desobediencia siempre trae castigo. Igual que Jehová, papá y mamá deberían hacer las preguntas pertinentes para asegurarse de que las normas han sido entendidas, y si es así, aplicar las medidas apropiadas para el asunto.

A la desobediencia le siguió una mentira. Caín mintió, y al hacerlo, inmediatamente creó otro vínculo entre su corazón y el Diablo, el padre de mentira. Hay pocas cosas más dañinas para nuestra familia que cuando los padres se ríen de las "mentirijillas" de los hijos. Nuestro deber sagrado debería ser intentar que la primera mentira que escuchamos de sus bocas sea también la última.

Y finalmente llegamos a esa pregunta tan conocida: "¿Soy yo acaso guarda de mi hermano?" Ay, ay, ay. ¿Te has parado alguna vez a pensar en lo que dijo? Si lo has hecho, habrás temblado conmigo al entender lo que Caín estaba haciendo. Esa ligereza, esa sonrisita, ese tono casi burlón... ¿Cómo podía este joven tan privilegiado hablar al Señor de esa manera?

Y así, una espeluznante y enorme falta de respeto completa el trío abominable que roba a nuestros hogares la bendición de Dios.

Aunque ocurrió hace más de 40 años, todavía recuerdo cuando en una ocasión dije algo inadecuado a mi madre. No recuerdo exactamente cuáles eran las circunstancias, pero el aviso que recibí de mi padre cuando le falté el respeto a mi madre quedó grabado en mi mente para siempre. ¡Nunca jamás volví a acercarme a esa línea roja!

Este capítulo cuatro de Génesis es una advertencia y da mucho que pensar. Es como un cartel enorme y llamativo, que avisa sobre aquello que nunca, bajo ninguna circunstancia, debería ser permitido en nuestros hogares: la desobediencia, la mentira y la falta de respeto.

Amado Padre, Tú sabías el dolor y la angustia que nos vendría por el pecado.

Tú sabías que caeríamos una y otra vez, hasta llenar la tierra de vergüenza. Pero fuiste fiel en enseñarnos y con paciencia darnos instrucción y fe para hacer las cosas correctamente. Ayúdanos, Señor, a honrarte en nuestros hogares. Amén.

7

El arco eterno

Lectura: Génesis 9:1-17

> Estará el arco en las nubes, y lo veré, y
> me acordaré del pacto perpetuo entre Dios
> y todo ser viviente, con toda carne
> que hay sobre la tierra.
>
> Génesis 9:16

¿QUÉ HACES cuando ves un arco iris? La mayoría de nosotros nos quedamos mirándolo, quizás para contar los colores o buscar un segundo arco. Tarde o temprano casi todos los creyentes terminarán pensando en la promesa que Dios hizo: nunca más enviará un diluvio universal.

Pero, ¿cuántas veces lo vemos como una cita con el Altísimo? Si te fijas bien en el versículo, dice que cada vez que nuestros ojos están contemplando el precioso arco, Aquel que lo creó también lo está mirando. O sea, cada vez que Dios permite que las leyes naturales de la luz y el agua pinten su obra de arte sobre algún paisaje terrestre,

Él mismo mira desde el cielo y piensa en nosotros. ¡Eso es maravilloso!

El Padre celestial y el hijo terrenal están poniendo atención en el mismísimo objeto. Ese instante es un momento especial para parar y pensar, y eso es exactamente lo que el pasaje nos invita a hacer.

El arco iris es como una llamada directamente del cielo; una invitación a la reflexión, la adoración y la gratitud. Es un arco espectacular que brilla majestuosamente sobre un fondo oscuro de nubes o de monte. Es un recordatorio de la belleza, la misericordia y la fidelidad del Creador. Es una obra maestra que el hombre no puede manipular y que Dios muestra solo y cuando Él quiere. Ningún programa informático lo puede borrar y no hay ser humano que lo pueda controlar para beneficio propio.

Nos habla del Autor de todo lo que es bello. Nos muestra que al Señor no le agrada que las cosas permanezcan en la negra oscuridad, sino que disfruta mostrando Su luz a todo color. Dios puede, sobre el lienzo más oscuro de una vida destruida por el pecado, dibujar algo maravilloso. No importa cuánto hayas fallado, si acudes a Él con arrepentimiento y fe, escribirá un nuevo y precioso capítulo sobre tu pasado.

También el arco es una señal de Su fidelidad, de que es imposible que incumpla alguna de Sus promesas.

La próxima vez que vea un arco iris espero parar y econocerlo como lo que es: una llamada del cielo.

El apóstol nos dice en el libro del Apocalipsis que hay un trono en el cielo donde se sienta el Rey de reyes. Desde allí, sin rival alguno y al son de truenos y relámpagos, Él reina sobre todo. Pero Juan no vio solo los relámpagos y demás manifestaciones de poder, sino que también vio alrededor del trono y de Aquel que estaba sentado, un arco iris, bello como una esmeralda.

No nos debería sorprender. Será incomprensible, pero esa escena es perfectamente consecuente con el carácter de Jehová Dios. Su pacto de misericordia es eterno y para que nunca lo olvidemos, podremos, por los siglos de los siglos, observar el arco eternal que rodea Su trono.

Amado Padre, gracias por Tu arco. ¡Qué tremendo significado tiene! Gracias por esa misericordia y por mostrarlo de manera tan hermosa. Amén.

8

Edificando un nombre

Lectura: Génesis 11:1-9 y 12:1-3

> *Y dijeron: Vamos, edifiquémonos una ciudad y una torre, cuya cúspide llegue al cielo; y hagámonos un nombre, por si fuéremos esparcidos sobre la faz de toda la tierra… Y haré de ti una nación grande, y te bendeciré, y engrandeceré tu nombre, y serás bendición.*
>
> Génesis 11:4 y 12:2

SOLO 30 versículos separan estas dos declaraciones, pero las motivaciones detrás de cada una de ellas son mundos aparte. La primera fue dicha por la generación que emergió después del diluvio. Era el hombre hablando como si Dios no existiera. El proyecto era el summum de la filosofía humana del momento. Entendieron que para ser fuertes tenían que estar unidos y se consideraban lo suficientemente inteligentes y hábiles como para lograr su objetivo. Así comenzaron a edificar una ciudad, una torre y un nombre.

La segunda declaración fue de Dios a un hombre, el cual creía en Él y estaba dispuesto a dejar que Él fuese su fortaleza y su roca. No edificó una ciudad. De hecho, en la tierra prometida jamás vivió en una, que nosotros sepamos. Ni siquiera edificó una torre; lo único que le vemos edificar es un altar a Jehová.

Tampoco parece interesarle demasiado alcanzar renombre. Su gran afán fue invocar "el nombre de Jehová Dios eterno". (Génesis 21:33)

Pero aunque Abraham no edificó una ciudad, ni construyó una torre, ni buscó renombre, podemos afirmar con toda confianza que recibió las tres cosas.

En cuanto a la ciudad, Hebreos 11:10 dice que Abraham esperaba esa ciudad celestial que Dios está construyendo para todos los fieles. Lo que nos da a entender que no le importaba en absoluto perder la posibilidad de una ciudad terrenal a cambio de recibir una en la Resurrección que es eterna y maravillosa sin igual.

En relación a una torre o castillo de protección, creo que estaría perfectamente de acuerdo con su descendiente David cuando escribió, en el Salmo 61, que Dios era su "torre fuerte delante del enemigo".

Finalmente, el nombre de Abraham realmente no tiene rival en toda la historia. De una manera u otra, el patriarca ha sido reverenciado por miles de millones de personas a lo largo de 3.500 años.

Sin lugar a dudas, el legado de Abraham ha sido muchísimo más grande que ese proyecto miserable e inútil que comenzaron los hombres de Babel.

¡La lección para nosotros es sencilla! Si no tenemos cuidado, nos podemos encontrar perdiendo el tiempo en proyectos personales que no tienen ningún valor. Estaremos siguiendo los ejemplos de estos habitantes de Babel, o del mismo Absalón, que construyó un monumento para sí mismo.

¡Cuánto mejor es identificar nuestra parte en la obra del reino de Dios y poner en ello todo nuestro esfuerzo! Debemos olvidarnos de tallar nuestros nombres en la construcción de Dios, de buscar protagonismo de cualquier otra manera, y dejar que el Constructor supremo decida las ciudades, torres o nombres que quiera destacar. Siempre actuará conforme a una voluntad perfecta y buena, y al final, ideal para nosotros.

Amado Padre, por naturaleza me dedico a exaltar mi propio nombre. Muéstrame la futilidad de este esfuerzo. Nada que construya yo sobrevivirá la criba del tiempo o el fuego del juicio. Ayúdame a gozarme en la maravillosa esperanza de tener ya una ciudad eterna esperándome allí donde tú estás, donde tú eres la torre y donde tu nombre es la herencia suprema. Amén.

9

Ni un hilo

Lectura: Génesis 14:17-24

> *...que desde un hilo hasta una correa de calzado, nada tomaré de todo lo que es tuyo, para que no digas: Yo enriquecí a Abram;*
>
> Génesis 14:23

¡EL REY impío de Sodoma acababa de ofrecerle a Abram todos los despojos de una ciudad entera! Aliviado por recibir a su familia y súbditos sanos y salvos, y sabiendo que el precio de ese rescate realmente era imposible de calcular, pensó que un premio generoso y rápido como este sería más que suficiente.

Pero se equivocó. No conocía bien a Abram ni la calidad de la fe que había en su corazón. Quizás el eco de las palabras del patriarca se repitieron en su mente durante varios segundos hasta asimilarlas. "No quiero nada de lo que tú me puedas dar".

¿Qué? Eso era ridículo. Probablemente el rey pensó que no se había explicado bien. Evidentemente Abram no le había entendido.

Pero no, Abram le había escuchado y entendido perfectamente, y le había informado con toda claridad que no le iba a dar al rey la oportunidad de desacreditar la generosidad con que Dios le había bendecido. De ninguna manera quería dar la impresión de que había obtenido sus riquezas de parte de seres humanos pecadores. O sea, Abram no quería más que aquello que Jehová le diera. Quería poder decir: todo esto lo he recibido de la mano de Dios y ninguna persona aquí en la tierra me ha hecho rico.

Y es que hay una satisfacción muy especial en poder identificar lo que es la indiscutible bendición de Dios en nuestra vida. Pero esto no puede suceder si dejamos entrar a nuestra vida recursos de origen dudoso o si utilizamos estrategias humanas en obtenerlos. Sí, podremos crecer o avanzar usando métodos de puro marketing, pero por el camino tendremos que hacer concesiones éticas o sacrificar la fe en el poder de Dios. Compartir peticiones hipócritas, dejar pistas sutiles o mostrar caras lamentables son acciones inaceptables para aquellos que realmente quieren recibir de Dios lo mejor.

El fundamento para una vida como la de Abram contiene un factor determinante: un contentamiento absoluto en Dios. Si quiero ver su gloriosa mano obrando en mi día a día tendré que decidir desde el principio que aceptaré gozosamente todas sus decisiones para mi vida. Para poder decir NO a las ofertas del mundo debo antes decir SÍ a la voluntad insondable de Dios. En cuanto yo esté convencido de que mi Señor siempre sabe y hace lo que es mejor para mí, las propuestas mundanales perderán su brillo y su encanto.

Abram había tomado su decisión con antelación. Si veía en alguna actividad o propiedad el más pequeño hilo de compromiso espiritual, no quería saber nada de ella.

¿Y yo qué? ¿Estoy satisfecho con lo que tengo o intento acallar mi conciencia para poder ir a por más y más? Puedo decir tajantemente NO a los ofrecimientos de mejora o premios, si estos vienen con condiciones inapropiadas? ¿Quiero de verdad la calidad de fe que tuvo Abram? ¿Quiero la bendición de Dios?

Pues entonces debo decidir, como él, a estar en Dios.

*Amado Padre, quiero estar en ti.
Perdóname por tener prisa, por
adelantarme a ti, o aceptar cualquier cosa
que no viene con el viento celestial, puro
y fresco. Si como el pan de tu mesa, no
me interesarán los caramelos terrenales
que se me ofrecen cada día. Amén.*

10

El escudo

Lectura: Génesis 15:1-6 y Salmo 28

> *Después de estas cosas vino la palabra de Jehová a Abram en visión, diciendo: No temas, Abram; yo soy tu escudo, y tu galardón será sobremanera grande. Jehová es mi fortaleza y mi escudo;*
>
> Génesis 15:1 y Salmo 28:7

DIOS NO reparte escudos a Sus hijos ni los regala a Sus siervos favoritos. Nunca nos ofrece un objeto visible o físico para resguardarnos de Satanás o de las circunstancias adversas. Su plan para nuestra seguridad y bienestar es mucho más personal e infinitamente más seguro.

ÉL MISMO quiere ser nuestro escudo. ¡Cuán diferente es esto de lo que creemos la mayoría de las veces!

Hemos bebido mucho de las fuentes del mundo. Para la mayoría de nosotros la idea de confiar literalmente en

Dios para nuestra protección básica de cada día es un concepto extraño. Aunque oremos antes de un viaje o de un proyecto, normalmente nos sentimos algo desnudos y vulnerables si no tenemos toda la protección "necesaria" que nuestra cultura moderna dice que necesitamos para salvaguardarnos de situaciones o de personas dañinas para nosotros. Así pues, nos envolvemos a nosotros mismos y a todos nuestros bienes con los últimos dispositivos electrónicos, con las mejores garantías, y con pólizas de seguros, esperando entonces poder caminar por la vida sin sobresaltos.

Pero en lo profundo de nuestro ser sabemos muy bien que no importa cuántas medidas de seguridad tomemos, pues hay gente que dedica su vida entera a encontrar la manera de esquivar cualquier sistema de alarma o barrera de protección. Y mientras tanto, Dios nos está diciendo con las palabras sencillas de las Escrituras: "Hay una solución muchísimo mejor."

El rey David aprendió en su juventud lo que era tener el escudo de Jehová mientras luchaba contra leones, osos y gigantes. Descubrió que la condición principal para obtener la protección divina era estar en el lugar correcto haciendo lo que Su Maestro quería. Esta verdad llegó a ser tan importante para él que la repitió casi una docena de veces en los salmos. Estos cánticos se convirtieron en una valiosa instrucción espiritual para sus descendientes, tanto físicos como espirituales, incluyendo a Ezequías, que vivió 300 años más tarde. Como respuesta a su fe, 185.000

cadáveres asirios fueron testigos mudos de la capacidad de Jehová de ser el gran escudo de Israel.

Si saltamos al Nuevo Testamento encontramos esta verdad repetida o ilustrada en cada uno de sus protagonistas y en cada uno de sus libros. ¡Incluso la encontramos en la Gran Comisión!, que comienza y termina con la absoluta autoridad de Cristo y con Su eterna presencia garantizadas para cada hijo que predica el evangelio.

Otro ejemplo lo encontramos en la vida de Pablo, cuando se enfrentó a una feroz oposición con peligro inminente para su vida en Corinto. El Maestro interrumpió su sueño una noche con este mensaje: "No temas, sino habla, y no calles; porque yo estoy contigo, y ninguno pondrá sobre ti la mano para hacerte mal". (Hechos 18:9-10) Y con la confianza puesta en esa promesa continuó otros 18 meses en la ciudad con un fructífero ministerio.

¿Por qué entonces encontramos tan difícil aplicar esta verdad a nuestro caminar diario?

La respuesta solo puede ser una, y es tan sencilla como vergonzosa. Se llama incredulidad. Y si la gracia de Dios no actúa en nosotros, este cáncer afectará a cada rincón de nuestra mente. Dios dice: "¡Déjame ser tu escudo!" a lo que nosotros respondemos: "Sí, pero por si acaso..."

Lo maravilloso es que cuando comenzamos a creer Su Palabra de verdad, aprendemos que las recompensas por tenerle como nuestro escudo son muchas más que la mera protección -- ¡Él mismo es nuestro galardón!

Amado Padre, ayúdame a creer. No sé por qué, pero a veces me invade la idea errónea de que en nuestros tiempos las cosas son distintas y que Tus principios no se pueden aplicar. Dame una fe sencilla para tomar Tu Palabra al pie de la letra. Amén.

11

Una lección de omnipotencia

Lectura: Génesis 35:1-15, 43:1-14, 49:22-26

> *(1) También le dijo Dios: Yo soy el Dios omnipotente: crece y multiplícate; una nación y conjunto de naciones procederán de ti, y reyes saldrán de tus lomos. (2) Y el Dios Omnipotente os dé misericordia delante de aquel varón, y os suelte al otro vuestro hermano, y a este Benjamín. Y si he de ser privado de mis hijos, séalo.*
> *(3) Por el Dios de tu padre, el cual te ayudará, Por el Dios Omnipotente, el cual te bendecirá. Con bendiciones de los cielos de arriba, Con bendiciones del abismo que está abajo, Con bendiciones de los pechos y del vientre.*
>
> Génesis 35:11; 43:14; 49:25

E STAS TRES referencias al "Dios omnipotente" se levantan como señales verbales por el camino rocoso que fue la vida de Jacob. La primera fue la revelación inicial de Jehová sobre Su omnipotencia e iba acompañada de una promesa. La segunda vino de la boca de Jacob mismo muchos años más tarde, cuando en un lamento triste recordó el atributo divino que nunca había tomado demasiado en serio. Lo proclamó después de haber destrozado su vida y con muy pocas perspectivas de volver a disfrutar jamás del gozo de Dios. Pero, ¿y la tercera? Fue el grito de un hombre cambiado. Esas palabras estaban llenas de esperanza, emoción y confianza.

¿Y por qué un cambio tan grande? Recuerda que este astuto gemelo era un sinvergüenza de primera categoría y una pesadilla para cualquiera que tuviera la mala suerte de hacer negocios con él. Estafó a su hermano, mintió a su padre, engañó a su tío y humilló a sus hijos. Por causa de esta larga trayectoria fraudulenta estaba envejeciendo con el alma cargada de amargos recuerdos. Si le añadimos a esto un estado de luto permanente a causa de su hijo favorito al que creía muerto, nos encontramos ante la definición perfecta de la miseria. Tantos años de sembrar vientos y cosechar tempestades habían producido un anciano cínico y cansado.

Así pues, volviendo al tercer versículo debemos preguntarnos: ¿Qué es lo que pasó en los últimos 17 años de su vida? ¿Qué borró ese pesimismo y amargura que durante 130 años había ido acumulando?

La respuesta es que esos malos sentimientos fueron engullidos por la gracia de un Dios que le mostró Su omnipotente sabiduría. Contra todo pronóstico humano, Jehová había preservado a su hijo favorito, José, en

Egipto. Y por si fuera poco, a través de una serie de acontecimientos casi increíbles, el Señor había preparado para padre e hijo un reencuentro maravilloso.'

Casi dos siglos antes Jehová se había presentado a su abuelo Abraham como el Dios Todopoderoso. El registro bíblico confirma que también el padre de Jacob, Isaac, le había transmitido esta maravillosa verdad cuando le bendijo. (Génesis 28:3). Pero el hijo predilecto de Rebeca tenía muy alta estima de sí mismo y no estaba interesado en conocer a Dios ni en aprender de Su carácter divino. Como consecuencia de ello se encontró con un camino largo y duro. Aprendió la lección, pero no sin antes convertir su vida en un grandísimo desastre. Menos mal que Aquel que le prometió bendición nunca se olvida de Sus promesas... aunque Sus hijos hagan de sus vidas un desastre.

¿Hemos aprendido la lección de Su omnipotencia? Si es así, ninguna presión ni circunstancia humana podrá perturbar nuestra paz por mucho tiempo. En el Salmo 91 el rey David nos recuerda que tenemos un castillo y un escudo a la sombra del Omnipotente. Así también, al cerrar el libro de Apocalipsis se nos exhorta a esperar una ciudad que no tiene necesidad de templo, ni de sol, ni de luz... porque ahí habita el Dios Todopoderoso. (21:22)

Amado Padre, tengo demasiada inclinación a olvidarme de tu naturaleza omnipotente e ignorar sus implicaciones lógicas. En mis

*pensamientos, actitudes y acciones
revelo muchas veces cuán superficial es
mi fe. Perdóname, Señor. Amén.*

12

Asesinos de sueños

Lectura: Génesis 37:1-20

> *Ahora pues, venid, y matémosle y echémosle en una cisterna, y diremos: Alguna mala bestia lo devoró; y veremos qué será de sus sueños.*
>
> Génesis 37:20

LOS HERMANOS de José pensaron que podían anular sus sueños, pero no. Y la razón era sencilla, aunque ellos, en la ceguera de su orgullo, no la podían ver: esos sueños del hermano menor en realidad no eran de él, sino de Dios. Este error por parte de los diez hermanos mayores fue grave porque les condenó a muchos años de miseria y tortura. Sin embargo, José, con una fe y una paciencia casi increíbles, vivió esperanzado y optimista hasta ver el cumplimiento glorioso de esas promesas divinas. Su historia es un ejemplo maravilloso de la victoria que está al alcance de todo creyente, sin importar la oposición que tenga ni el odio de quienes quieran eliminar su testimonio.

Los asesinos de sueños siempre aparecen en el camino de la persona que decide seguir el plan de Dios para su vida. Cuando hablamos de "sueños" no estamos necesariamente hablando de sueños grandiosos. Pueden ser acerca del futuro de la familia, o del ministerio, o de tu negocio. Si la visión te la ha dado Dios, créeme, el Diablo movilizará a quienes pueda para hacerte frente.

¿Y cómo son estos asesinos? Desafortunadamente pueden tener una apariencia muy inocente. Satanás no se preocupa nunca de jugar limpio y a veces usará incluso tu propia familia para hacer su obra. Quienesquiera que sean, es posible que hagan su tarea incluso sin mala intención. Pero sean cuales fueren sus motivos, el objetivo final siempre será el de hacerte olvidar el sueño, o descalificarte para ello o que pierdas toda esperanza de que se realice — todo sirve para hacerte fracasar en tu misión.

¿Y cómo hacen su trabajo? Algunos intentarán desanimarte. Otros te distraerán con proyectos innecesarios que te dejen sin tiempo ni energías ni ganas de seguir tu propósito. Unos quizás se reirán de tus metas o se mofarán de tu dedicación. Alguno puede hasta tentarte abiertamente al pecado. Al enemigo poco le importa qué estrategia usar, con tal de que el cristiano que tiene en el punto de mira deje de enfocarse en la buena voluntad de Dios para él. El Diablo es un egoísta consumado y no tiene ningún interés en tu bien, ni tampoco en el de ninguno de los siervos que le ayudan.

¿Te ha dado Dios un sueño? Pues no dejes que estos asesinos espirituales te tumben. Y si te llegan a tumbar, ¡levántate de nuevo!

Pide a Dios un entendimiento claro de sus sueños para ti. Identifícalos bien y fija tu brújula. Estate preparado para la batalla que se librará en la casa de Potifar. No te sorprendas por la humillación de la prisión del faraón ni te decepciones porque el copero se olvidó de ti. Recuerda siempre que esos sueños no son tuyos ni se originaron en tu mente, sino en la de Dios. Él los cumplirá en su tiempo si esperas en Él.

Amado Padre, mantén vivos los sueños que has puesto tú en mi corazón. Dame discernimiento para distinguir entre los que son tuyos y los que puedan ser solo míos. Ayúdame a eliminar los míos, ya sean fruto de la carne o de la ignorancia, para que pueda concentrarme gozosamente en esas misiones que Tú has ordenado para mí. Amén.

13

Expectativas superadas

Lectura: Génesis 40:1-14

> *Acuérdate, pues, de mí cuando tengas ese bien, y te ruego que uses conmigo de misericordia, y hagas mención de mí a Faraón, y me saques de esta casa.*
>
> Génesis 40:14

NORMALMENTE NO tenemos ni idea de lo que Dios está haciendo realmente por nosotros.

El hijo favorito de Jacob había sido arrojado a una prisión egipcia por algo que no había hecho. Pero a pesar de estar en ese lugar tan humillante mantuvo una confianza firme en Jehová, de quien había recibido muchos años antes una promesa a través de una serie de sueños. Y aunque después de muchos años esos sueños no se habían hecho realidad, su interés hacia ese medio de revelación divina no pareció haber menguado. Podemos percibir esto al observar su tremenda curiosidad y atención a los sueños del copero y del panadero del rey. Cuando vio lo perturbados que estaban por estos sueños tan desconcertantes, inmediatamente les alentó a compartirlos para poder preguntar a Dios por su significado.

¡Lo que José no podía saber era que al ayudar a estos dos hombres con sus sueños estaba abriendo la puerta para que los suyos también se cumpliesen! Era imposible que José pudiera presentir lo que iba a pasar. Quizá lo único que podía esperar era obtener la misericordia de Faraón y que le premiara con la libertad. Sin duda esta debió ser su oración diaria durante años.

Ahora bien, el Señor estaba preparando grandes sorpresas para este joven fiel. Sin que José supiera nada al respecto, las interpretaciones de estos dos sueños iban a desencadenar importantes acontecimientos dos años más tarde. En el momento justo Dios mandó a la tierra otro par de sueños más; sueños que aterrizaron dentro de la mente del hombre más poderoso del mundo. Tras unas breves conversaciones, el injustamente encarcelado José sería catapultado desde las puertas de la prisión a la corte y al palacio real del imperio egipcio.

El deseo de libertad de José fue honrado por su Padre celestial ¡y recompensado más allá de lo que jamás hubiera podido pedir o pensar! Lo único que quería era ser libre, pero Dios le galardonó abundantemente.

Aunque nunca leyó lo que Pablo escribiría años más tarde en Efesios 3:20, y posiblemente nunca se le habría ocurrido que Dios pudiera recompensarle más allá de su imaginación, José había vivido por fe. Había esperado pacientemente en Dios, se había regocijado en la prisión y siempre había honrado al Señor. ¿Quién sabe? Quizá desde la perspectiva de los ángeles el resultado fue totalmente natural. El caso es que Dios superó ampliamente todas sus expectativas.

Lo maravilloso es que el Señor quiere hacer lo mismo por ti y por mí. Los tiempos cambian, pero Dios no. Todavía es tremendamente generoso cuando recompensa a los fieles.

¿Te has preguntado alguna vez si Dios está haciendo algo por ti? ¿Te has visto a ti mismo en una prisión triste y olvidada donde parece que Dios y todos los demás te han abandonado? Pues entonces debes encontrar fortaleza en la historia de José, especialmente si has estado sirviendo fielmente al Señor en tu remoto rincón. Puedes estar seguro de que Él está muy ocupado organizando cada detalle detrás del telón.

Y una cosa más: en muchas ocasiones, cuanto más larga es la espera, más grande es el premio.

Amado Padre, es una experiencia maravillosa ver cómo premias mi pobre fe de maneras que parecen exceder toda lógica. Una y otra vez me sorprendes con más de lo que jamás podría esperar. Lo has hecho a lo largo de los siglos, y lo seguirás haciendo, porque nunca cambias. Amén.

14

Dos cumpleaños paganos

Lectura: Génesis 40 y Mateo 14:1-12

> *Al tercer día, que era el día delcumpleaños de Faraón, el rey hizo banquete a todos sus sirvientes; y alzó la cabeza del jefe de los coperos, y la cabeza del jefe de los panaderos, entre sus servidores...*
> *Pero cuando se celebraba el cumpleaños de Herodes, la hija de Herodías danzó en medio, y agradó a Herodes,*
>
> Génesis 40:20 y Mateo 14:6

FARAÓN Y Herodes son los únicos hombres cuyos cumpleaños se registran en la Biblia. Esta insólita coincidencia de sus "días especiales" sugiere fuertemente que en absoluto esto sea algo casual.

Uno de los relatos lo encontramos en el Antiguo Testamento y el otro en el Nuevo Testamento. Ambos reyes son paganos y cada uno tiene en su cárcel a un hombre piadoso: uno a José y el otro a Juan el Bautista. Los dos creyentes relacionados con estos dos gobernantes fueron encarcelados injustamente y ninguno de ellos tenía grandes esperanzas de un juicio digno. Desde cualquier perspectiva humana eran simples peones en las manos de un caprichoso rey incrédulo.

Sin embargo, en los dos casos Dios guió a estos monarcas en el día de su cumpleaños a tomar decisiones que afectarían enormemente a sus prisioneros. Es más, en el caso de Faraón hay dos cumpleaños en consideración. El primero fue cuando echó en la cárcel a dos de sus empleados de cocina y el segundo fue exactamente dos años más tarde, cuando el copero se dio cuenta de su olvido y le habló de José. En el caso de Herodes, su hijastra le agradó con un baile en su fiesta de cumpleaños, pero luego le puso en un aprieto con la cabeza de Juan como moneda de cambio.

Curiosamente, el acontecimiento relatado en Génesis resultó en el meteórico ascenso de José como segundo en el trono; y después de eso vivió aún 70 años más en Egipto. En cambio, el relato de Mateo termina con Juan el Bautista en el cielo en un abrir y cerrar de ojos.

Las dos historias tienen mucho en común, hasta que llegamos al último día en prisión.

¿Por qué a José le es concedido elevarse hasta la cumbre de un imperio mientras que Juan es destruido de una manera tan humillante y grotesca?

Estas preguntas son legítimas y merecen una seria reflexión. Doctrinas como la sabiduría perfecta del Padre celestial o las recompensas eternas para los hijos de Dios seguro que son de ayuda. Pero de todas formas vamos a considerar dos simples observaciones que nos ayudarán a encarar cualquier sorpresa que la voluntad de Dios nos traiga.

Primero, vemos que el Señor, en cuestión de minutos, es capaz de cambiar o modificar el detalle que quiera en la vida o agenda de cualquier rey o presidente moderno tan fácilmente como hizo con Faraón y con Herodes, no importa cuán malvados sean. Por lo tanto, debemos dejar de comernos las uñas como si el Dios omnipotente hubiese perdido el control de nuestro planeta.

Y en segundo lugar, nuestro Padre es quien decide cómo podemos glorificar mejor Su Nombre en esta vida. José vivió muchos años, mostrando hasta el final su plena confianza en Jehová. Por su parte, Juan, al final de su corta vida y justo antes de ser echado en la cárcel, dijo: "Es necesario que él crezca, pero que yo mengüe." Ambos hombres estuvieron contentos de traer gloria a Dios, en su vida y en su muerte.

En lugar de un par de fiestas de cumpleaños agridulces, las dos historias se unen como un regalo divino para nosotros, un recordatorio de que: "Si Dios es por nosotros, ¿quién contra nosotros?" (Romanos 8:31)

Amado Padre, ya sea que mi vida sea larga como la de José o corta como la de Juan, concédeme su fe para vivir y su gracia para morir para que yo pueda glorificarte como ellos. Amén.

15

Hijos del contentamiento

Lectura: Génesis 41:37-57

> *Y llamó José el nombre del primogénito,
> Manasés; porque dijo: Dios me hizo olvidar
> todo mi trabajo, y toda la casa de mi padre.
> Y llamó el nombre del segundo, Efraín;
> porque dijo: Dios me hizo fructificar en
> la tierra de mi aflicción.*
>
> Génesis 41:51-52

HAY AL menos dos facetas del contentamiento expresadas en los nombres que José dio a sus hijos. En primer lugar está esa capacidad de mirar atrás, de pensar en los recuerdos dolorosos y, por la gracia consoladora de Dios, dejarlos atrás sin aferrarse más a ellos. Y luego también existe esa mirada del presente, que viendo lo que nos rodea, con madurez espiritual reconoce la generosidad del Señor.

Demasiadas veces una o las dos perspectivas están ausentes de nuestra mente. El primer error es el de darle mil vueltas a las dificultades que esta vida nos ha deparado anteriormente. Si hubiese querido, José habría encontrado mucha leña para alimentar esa hoguera de frustración. Su familia le había tratado miserablemente. Los trabajos que había desempeñado tampoco le habían proporcionado muchas alegrías. Y los pocos amigos que había conseguido tener le fallaron en los momentos importantes.

El segundo error es el de vivir la vida en un mar de lágrimas constante, poniendo nuestra atención sólo en los malos momentos. En esto también José podía haber tenido muchos argumentos humanos. Tuvo que vivir rodeado de gente pagana que adoraba ídolos. Su familia, si es que todavía vivía, estaba a cientos de kilómetros. Y aun con los cambios más favorables que últimamente le habían sobrevenido no veía ninguna manera de volver a entrar en la gloriosa herencia de los hijos de Abraham. Con toda lógica, parecía que hubiera sido cortado para siempre de la gran historia de la redención.

Pero en ningún momento se quejó.

José mantenía presentes en su corazón las verdades de la soberanía y del amor de Jehová. A lo largo de los años estas verdades habían sido su defensa contra la amargura. En una ocasión, cuando el enemigo le atacó con una feroz tentación, se mantuvo fuerte en la convicción de que Dios ya le había dado todo lo que era necesario. Tan profunda era su teología personal que su reacción había sido inmediata y contundente: ¿cómo, pues, haría yo este grande mal, y pecaría contra Dios?

No nos debería sorprender en absoluto que cuando Dios dio la vuelta a su situación (lo cual sucede muchas veces para aquellos que esperan pacientemente), José expresó su contentamiento a través de los nombres de sus hijos. Cuando le puso el nombre a Manasés fue una proclamación para toda la corte del Faraón: Jehová ha quitado la agonía de mis malos recuerdos. Y cuando nació Efraín, el mensaje de su nombre fue: ¡En el lugar de hambruna Dios me ha dado una cosecha!

José dio un sermón claro a todos los idólatras que tenía alrededor: No tengáis pena de mí; tengo absoluto contentamiento en Jehová y no lamento nada de lo ocurrido!

¡Vaya!, ¡qué ejemplo! ¿Tengo tanto contentamiento en la voluntad de Dios como lo tuvo José? ¿Estoy feliz en el ministerio que tengo? ¿Alabo al Señor por las pruebas del pasado? ¿Le doy gracias por mi familia? ¿Me alegro por los compañeros de trabajo o los vecinos que Dios me ha dado? Si no, seguramente es porque no conozco al Señor como debería, pues conocerle es confiar en Él. Y confiar en Él es tener contentamiento en Él.

Amado Padre, desde el mismo Adán todos miramos a un pasado lleno de dolor y fracaso, y somos tentados a murmurar. Pero tú quieres inundar nuestros corazones con paz y contentamiento si esperamos en ti. Aclara mi visión, Señor, para que entienda que en toda aflicción, mala fortuna o angustia tú te ofreces como la fuente de alegría y contentamiento. Amén.

16

Tres simples palabras

Lectura: Génesis 46:1-4

> *Y habló Dios a Israel en visiones de noche, y dijo: Jacob, Jacob. Y él respondió: Heme aquí. Y dijo: Yo soy Dios, el Dios de tu padre; no temas de descender a Egipto, porque allí yo haré de ti una gran nación.*
>
> Génesis 46:2-3

LA VIDA de Jacob no había sido nada fácil; mayormente a consecuencia de sus propias decisiones. Después de estafar a su hermano Esaú para robarle su bendición y la primogenitura, tuvo que huir de la casa de sus padres para escapar de la venganza de Esaú.

Cuando llegó a la hacienda de su tío su comportamiento no cambió en nada y después de años de seguir persistiendo en los mismos errores, la situación casi desemboca en un conflicto armado. Veinte años después de salir huyendo de la casa de sus padres también salió huyendo de la casa de su tío. Su matrimonio, o mejor dicho, matrimonios, habían sido un tormento continuo porque nunca había buscado ni querido seguir el consejo de Dios. A todo eso se puede añadir que con sus descarados favoritismos hacia algunos hijos había provocado tal ambiente en casa que parecía más una cueva de víboras que un hogar. Ahora, con algo más de 100 años, era un hombre viejo y triste.

No nos debería sorprender que resumiera su biografía ante faraón como una larga y prolongada agonía: pocos y malos han sido los días de los años de mi vida, diría poco después Jacob.

En esta noche en concreto, estaba una vez más dejando atrás su casa, ¡pero por lo menos no estaba huyendo! Hacía unos días que un potente foco de esperanza había brillado sobre su vida. Su hijo favorito, del que hacía muchos años había perdido toda esperanza de volver a ver con vida, estaba en Egipto, vivo y deseando verle. Ahora, por el camino hacia el país del Nilo para ver a su amado José, paró en Beerseba para pasar la noche. Como hicieron su padre y su abuelo muchos años antes, él también adoró allí al Señor. Ofreció su sacrificio y después se echó a dormir, y durante la noche Dios le habló: "Jacob, Jacob... Yo soy Dios."

La interrupción audiovisual despertó al viajero... ¡Era la voz de Jehová! "Yo soy Dios", eran tres palabras importantísimas para esa alma atormentada.

Como los rayos del sol sobre la escarcha de una mañana fría, el mensaje derritió cualquier duda que pudiera aún quedar – ¡Dios no le había abandonado!

No necesitaba más. Aunque el Señor siguió hablando, esta tres palabras iniciales ya eran suficientes para traer una profunda paz. Jehová le había hablado para asegurarle su presencia y de pronto el futuro se veía mucho más alegre. Dios estaba con él y eso lo cambiaba todo.

Amigo, ¿tienes mucha angustia en tu pasado? ¿Hay nubarrones entrando por tu horizonte en este mismo momento? ¿Están empezando a caer las primeras gotas de una gran tormenta a tu alrededor y estás comenzando a temblar? Pues estas tres palabras pueden cambiar tu perspectiva por completo.

"Yo soy Dios".

Amado Padre, esta pequeña frase me ayudará mucho si estoy dispuesto a pararme y escuchar. Haz que esas tres palabras hagan eco continuo en mi mente, pues serán una fuente constante de confianza y consuelo. Amén.

17

Manos cansadas

Lectura: Éxodo 17:8-16

> *Y sucedía que cuando alzaba Moisés su mano, Israel prevalecía; mas cuando él bajaba su mano, prevalecía Amalec. Y las manos de Moisés se cansaban; por lo que tomaron una piedra, y la pusieron debajo de él, y se sentó sobre ella; y Aarón y Hur sostenían sus manos, el uno de un lado y el otro de otro; así hubo en sus manos firmeza hasta que se puso el sol.*
>
> Éxodo 17:11-12

UN MILAGRO estaba ocurriendo en el valle. Josué y sus hombres estaban luchando contra Amalec y estaban prevaleciendo. Pero en algún momento, para su asombro, se darían cuenta de algo un tanto extraño. ¡El desarrollo de la batalla estaba sincronizado con las manos de Moisés! Cuando mantenía sus brazos en alto, el pueblo de Israel se imponía; pero cuando sus brazos comenzaban a bajar, los amalecitas retomaban la ventaja y los hombres de Israel se veían superados.

Al ver Moisés lo que estaba pasando, seguro que se esforzó al máximo, elevando esas manos a pesar del dolor, sabiendo que así ayudaba al ejército. Pero con el paso del tiempo sus brazos parecían de plomo y la agonía le obligaba a bajarlos para descansar.

¿Qué es lo que estaba sucediendo? ¿Por qué no le daba Dios la fortaleza sobrehumana para mantenerlos en alto? Seguro que le sería igual de fácil al Señor hacer el milagro arriba en el monte que abajo en el valle. No había nada que le impidiese llevarlo a cabo... excepto por una razón muy importante.

¿Qué podría ser?

Encontramos una pista en la solución que Moisés y sus compañeros idearon. Primero buscaron una roca que le pusieron como silla. Y después, Aarón y Hur se colocaron uno a cada lado y le sostuvieron las manos. No parece nada del otro mundo, ¿verdad? ¡Hasta un niño podría haber pensado en eso!

Y es que el tema importante no es quién encontró la solución ni cómo lo aplicaron. Más bien, lo crucial es entender que Moisés necesitaba ayuda y que la encontró en unos compañeros entusiasmados y ansiosos de colaborar.

Es evidente que Israel necesitaba que su líder mantuviese las manos alzadas y a la vez ese líder necesitaba la fuerza de Aarón y Hur para conseguirlo. ¡Todos se necesitaban mutuamente! Josué no podía vencer él solo, ni tampoco el ejército, ni Moisés, ni sus compañeros. Dios quería que la batalla se ganara por el esfuerzo y cooperación de todo el equipo.

A lo largo de los siglos el plan de Dios no ha cambiado. Escoge a hombres y mujeres para hacer su voluntad y los une como compañeros capaces y leales. Cuando estos, por la fe, unen su energía y talento, la obra se lleva a cabo. Rara vez es el plan del Señor que uno solo se lleve la victoria. Y aunque a veces pueda parecer que el foco alumbra más en uno que en otro, llegará ese día en que la gran lámpara divina brillará sobre toda la historia Cristiana, y veremos todos que el único héroe era Dios. Él, sin la ayuda de nadie, orquestó cada detalle, y por lo tanto, merece toda la gloria. ¡Aleluya!

Amado Padre, te alabo por tu sabiduría. La muestras constantemente al unir tus hijos para hacer tu ministerio. Recuérdame siempre que las manos empezarán a pesar mucho y las batallas se perderán si intento hacer las cosas yo solo. Gracias por compañeros, tanto los cercanos como los lejanos, que forman parte de tu ejército en esta guerra por las almas. Amén.

18

Una espera de seis días

Lectura: Éxodo 24:1-16

> *Y la gloria de Jehová reposó sobre el monte Sinaí, y la nube lo cubrió por seis días; y al séptimo día llamó a Moisés de en medio de la nube.*
>
> Éxodo 24:16

¿POR QUÉ esperó Dios seis días antes de llamar a Moisés al monte? El pasaje no da ninguna explicación. Podríamos intentar hacer alguna comparación con los días de la creación, pero al final sería una mera opinión. Como tantas otras veces en las Escrituras, el silencio divino es como una cortina gruesa entre las muchas curiosidades que tengo acerca de los relatos bíblicos, y yo. Aun así, de este episodio de la gloriosa nube se puede hacer hoy una observación provechosa.

Tengo tendencia a pensar que si yo me encuentro dispuesto y ansioso de servir al Señor, Él automáticamente vendrá corriendo a atenderme. Pero es erróneo razonar así. Dios no es mi siervo, sino más bien todo lo contrario. Él no me necesita, sino que soy yo quien le necesita a Él.

Debo aprender a esperar y adaptarme a su agenda y no pensar que yo mismo puedo establecer las condiciones. En este caso, Moisés esperó seis días antes de subir de nuevo al monte. ¿Qué hizo durante ese tiempo? ¿Sabía él cuánto tiempo tardaría Dios en invitarle a subir? Creo que no, aunque tampoco importa. Él estaba dispuesto a esperar cuanto hiciese falta. Hubo otras ocasiones en las que tuvo que esperar muchísimo más tiempo, ¡como cuarenta años! ¿Y con qué propósito todo esto? Para enseñarle a ser paciente, flexible y a estar dispuesto a ser usado por Dios en cualquier momento.

Es posible que a veces esté muy ansioso de servir a Dios, quizá después de haber desobedecido y caído en algún pecado. O quizá he luchado en contra de su voluntad por mucho tiempo y finalmente me he rendido a su Espíritu. Sea cual sea la circunstancia, en momentos así es fácil llegar a una conclusión equivocada: pensar que Dios estará tan contento con mi decisión que me buscará de inmediato un puesto en su obra.

Esto rara vez sucede. Lo más normal es que quiera que me quede quieto en la sombra por un tiempo.

Lo que está claro es que si observo con inteligencia la manera en que Dios obra, veré que muchas veces nos obliga a esperar. Es una de las lecciones más frecuentes en su entrenamiento de siervos especiales. Recuerda que así fue su trato con Abraham y su hijo; con José y sus sueños; y con David y su trono.

¿Dios te está haciendo esperar sin ninguna razón aparente? ¿Te has entregado a Él con entusiasmo y devoción pensando que enseguida te abriría una gran ventana de oportunidad, y te has llevado la decepción de estar inexplicablemente parado y sin misión? Pues acéptalo como parte del plan. Lo más seguro es que te esté dando una dosis de la medicina del Salmo 27:14, que sirve para fortalecer el corazón: "Aguarda a Jehová; Esfuérzate, y aliéntese tu corazón; Sí, espera a Jehová."

Amado Padre, a veces las esperas pequeñas e insignificantes son más duras de llevar que las grandes. Concédeme gracia para aceptar rápidamente cualquier cambio de agenda o planes como un ajuste divino a tu voluntad para mi vida. Amén.

19

La fuente y el lebrillo

Lectura: Éxodo 30:11-21 y Juan 13:1-20

> *Harás también una fuente de bronce, con su base de bronce, para lavar; y la colocarás entre el tabernáculo de reunión y el altar, y pondrás en ella agua. Y de ella se lavarán Aarón y sus hijos las manos y los pies. Cuando entren en el tabernáculo de reunión, se lavarán con agua, para que no mueran; y cuando se acerquen al altar para ministrar, para quemar la ofrenda encendida para Jehová, se lavarán las manos y los pies, para que no mueran. Y lo tendrán por estatuto perpetuo él y su descendencia por sus generaciones. Luego puso agua en un lebrillo, y comenzó a lavar los pies de los discípulos, y a enjugarlos con la toalla con que estaba ceñido.*
>
> Éxodo 30:18-21 y Juan 13:5

ES UN hecho completamente constatado que los énfasis del Antiguo Testamento y del Nuevo muchas veces son diferentes. Por supuesto, no existe ninguna contradicción porque cada palabra en ellos sale de la misma mente perfecta. Cuando comparamos ambos y encontramos dos perspectivas, eso es exactamente lo que Dios quiere mostrarnos, dos puntos de vista desde los cuales se puede entender mejor la verdad o la situación. Un ejemplo sutil de esta clase de armonía bíblica lo encontramos en estos dos recipientes para almacenar agua: la fuente y el lebrillo.

Es un hecho completamente constatado que los énfasis del Antiguo Testamento y del Nuevo muchas veces son diferentes. Por supuesto, no existe ninguna contradicción porque cada palabra en ellos sale de la misma mente perfecta. Cuando comparamos ambos y encontramos dos perspectivas, eso es exactamente lo que Dios quiere mostrarnos, dos puntos de vista desde los cuales se puede entender mejor la verdad o la situación. Un ejemplo sutil de esta clase de armonía bíblica lo encontramos en estos dos recipientes para almacenar agua: la fuente y el lebrillo.

La fuente de bronce, ubicada entre el altar y la entrada al tabernáculo, tenía como uno de sus propósitos el resaltar la seriedad de acercarse a Dios. No es cualquier cosa que un ser caído, débil y finito pudiera tener acceso al Santo, Eterno y Todopoderoso Dios. Los sacerdotes debían tomar del agua de la fuente para lavarse ceremonialmente antes de seguir con sus rituales. Era esencial para ellos entrar puros al Lugar Santo. La fuente no estaba ahí por comodidad ni por capricho. Era absolutamente necesaria, e ignorarla era sinónimo de una sentencia de muerte.

Pero al saltar a los Evangelios, y concretamente a Juan 13, encontramos una escena extraordinaria que ocurre justo antes de la muerte del Señor Jesús, un acontecimiento que nos ayuda a entender otra faceta del carácter de Dios.

En este pasaje, el Señor asombra a Sus discípulos al tomar un lebrillo, llenarlo de agua y comenzar a lavar los pies de los apóstoles. La respuesta natural de ellos fue quedarse estupefactos e indecisos, sin saber cómo reaccionar. Todos menos uno, Pedro, que nunca esperaba para ver qué harían los demás, tomó la iniciativa y dijo lo que los otros seguramente habrían dicho si hubieran tenido el valor para hacerlo: "¡Ni hablar, Señor!" Pero Cristo insistió en seguir lavándoles los pies y les explicó el porqué.

Por lo tanto, otra vez tenemos ocasión de ver ese precioso matrimonio entre la gracia y la verdad de Dios. En Éxodo mayormente vemos la verdad; esa realidad inflexible de quién es Dios y qué es lo que requiere de Sus criaturas, y también vemos el castigo por no cumplir con ese requisito.

Sí, es posible una relación entre Él y el hombre pecador, pero el énfasis está en los términos que Dios dicta y nadie debe olvidarlos jamás.

Pero con el Hijo de Dios llega al frente la poderosa doctrina de Su gracia. Al fin y al cabo Él está lleno de gracia y de verdad, en ese orden. El gran ofendido, contra quien todo hombre ha pecado, se levanta con amor para buscar la reconciliación. No es que esté diluyendo la verdad ni ignorando la culpabilidad humana, pero ve los sucios pies de los discípulos y crea una solución, al mismo tiempo que les enseña una lección.

Así que, aunque estos dos pasajes están muy lejos el uno del otro en tiempo y contexto, armonizan las dos actitudes de Dios hacia una humanidad sucia e impura.

Por un lado, Él manda que haya una fuente para la purificación; por el otro, Él toma un lebrillo y una toalla.

Amado Padre, es evidente que Tu exigencia de santidad está muy por encima de lo que yo pudiese alcanzar y que sin Tu ayuda no hay ninguna esperanza para mí. Pero te alabo porque eres un Dios de gracia y de bondad, y no solo por la fuente, sino también por el lebrillo. Gracias por proveer un camino a través de Tu Hijo para que yo pueda ser limpio y entrar en Tu presencia. Amén.

20

Demoras divinas

Lectura: Éxodo 32:1-14

> *Viendo el pueblo que Moisés tardaba en descender del monte, se acercaron entonces a Aarón, y le dijeron: Levántate, haznos dioses que vayan delante de nosotros; porque a este Moisés, el varón que nos sacó de la tierra de Egipto, no sabemos qué le haya acontecido.*
>
> Éxodo 32:1

AUNQUE EL pueblo de Israel culpó a Moisés de la demora, realmente no fue por su culpa. Él solo estaba cumpliendo órdenes. En ningún momento había dado Dios una idea de cuánto tiempo tardaría en darle la Ley en esa montaña. Fueron los judíos los que tenían sus expectativas mal establecidas pensando que volvería más pronto. Así que, al no tener señal ninguna del regreso de Moisés, comenzaron a inquietarse hasta finalmente presionar a Aarón para que hiciese algo al respecto. O podían esperar; pero, ¡no! ¡Realmente no querían esperar!

Aunque habían tenido muchas oportunidades de aprender la lección, no supieron interpretar correctamente las demoras de Dios.

Fíjate en las experiencias que habían tenido anteriormente: delante del Mar Rojo, mientras temblaban de terror, Jehová les había dicho: "No temáis; estad firmes, y ved la salvación que Jehová hará hoy con vosotros". En otra ocasión, después de tres días de viajar sin agua, llegaron a las aguas amargas de Mara. En vez de mirar a Moisés y esperar en Dios para que les diese la solución, comenzaron a murmurar. Más adelante, en el desierto de Sin, se quejaron de tener hambre y perdieron una oportunidad de oro de confiar en el Señor. Finalmente, cuando llegaron a Refidim con sed, tampoco descansaron en Dios, sino que hicieron tal alboroto que el mismo Moisés actuó imprudentemente, golpeando la piedra y sentenciándose a sí mismo a morir en el desierto.

Así que, viendo todo esto, quizá no nos debería sorprender la reacción del pueblo al pie del Sinaí, cuando su líder se quedó en el monte más de lo esperado.

La enseñanza para nosotros es tan clara que apenas hay necesidad de explicar nada. Dios quiere que tomemos como algo natural el hecho de que nos encontremos con demoras y esperas en la vida. Podemos estar seguros de que va a examinar nuestra fe en esta área. Una fe prudente y reposada demostrará la profundidad de nuestra confianza.

¿Me frustra que la obra de Dios alrededor de mí vaya despacio? ¿Me pongo nervioso cuando mis oraciones no parecen tener resultado inmediato? Debo aprender que Dios es lo suficientemente sabio y poderoso como para estar trabajando en muchos frentes simultáneamente, ¡y puedo estar seguro de que mi rincón en su viña no va a quedar desatendido! Es normal que yo vea solo lo que me concierne a mí... necesidades personales, fallos de los que me rodean, cambios en mi calendario, etc. Pero, ¡qué importante es saber que en cada situación el Espíritu Santo está activamente armonizando vidas, lugares y eventos para glorificar a Jesús! Lo único que consigue cualquier demora es garantizar que todo sincronice a la perfección en su plan.

Mi deseo es que Dios me ayude a aprender del error de Israel en el monte Sinaí, así como de mis propias equivocaciones. Esperar en Dios es imprescindible si quiero que mi vida le honre. "Aguarda a Jehová; esfuérzate, y aliéntese tu corazón; Sí, espera a Jehová."

Amado Padre, con tanta frecuencia me llamas a esperar. Parece ser una de las enseñanzas más habituales de tu palabra. La impaciencia con tu agenda siempre es un síntoma de incredulidad. Por favor, ayúdame a confiar en ti pacientemente y responder a tus demoras con quietud. Amén.

21

La inspiradora sabiduría de Dios

Lectura: Éxodo 36:1-7

> *Y Moisés llamó a Bezaleel y a Aholiab y a todo varón sabio de corazón, en cuyo corazón había puesto Jehová sabiduría, todo hombre a quien su corazón le movió a venir a la obra para trabajar en ella.*
>
> Éxodo 36:2

CUANDO DIOS le da sabiduría a una persona, el resultado lógico es un corazón inspirado. Y cuando Dios inspira un corazón, pasar a la acción es lo siguiente.

Desde el punto de vista humano, la sabiduría comienza con un temor reverente de Dios, pero a la vez es un don divino. En un proceso algo enigmático. ¡Dios busca hijos sabios y les da sabiduría! Santiago lo describe simplemente como una oración y su correspondiente respuesta.

Parece obvio que Bezaleel y Aholiab habían visto las grandes obras de Jehová en el espectacular éxodo de

Egipto y reaccionaron con asombro y reverencia. Sus corazones respondieron a esa bondad y misericordia con el deseo de servirle con energía y talento. El Espíritu de Jehová vio esa santa disponibilidad y derramó en ellos una generosa dosis de sabiduría, de la que Salomón dice que se debe adquirir "ante todo" (Proverbios 4:7).

A continuación, los dos israelitas diseñaron el tabernáculo con exactamente la belleza y majestuosidad que Jehová deseaba. Ellos, en la tierra, pudieron mostrar en detalle lo que Su Señor había preparado desde la eternidad.

Sus manos elaboraron con destreza una obra de arte para Su gloria. Esa inspiración que la sabiduría de Dios generó en su corazón les permitió crear una joya en el desierto, una estructura que en su época y lugar fue la más apropiada para mostrar la presencia del Señor entre Su pueblo.

No hay nada que mueva el corazón del creyente como lo hace la verdadera sabiduría. Pero no nos engañemos, saber discernir la dirección correcta y luego tomar el paso de fe necesario no es tan fácil como puede parecer. El simple conocimiento no es suficiente, pues hay millones de personas inteligentes, y al mismo tiempo esclavos de vicios que los están matando. Tampoco vale solo con ser una persona con carácter carismático. El mundo de los negocios y de la religión está lleno de líderes dinámicos que cometieron horribles errores destruyendo sus empresas y organizaciones.

Ahora bien, la sabiduría es una característica eterna de Dios, perfectamente ilustrada en la persona de Jesucristo. Él nunca fue sorprendido por las circunstancias ni perdió jamás el control de ninguna situación, de tal manera que el Espíritu Santo le llama la mismísima "sabiduría de Dios". (1 Corintios 1:24)

Por cierto, la pereza de ninguna manera se asocia con la sabiduría. La persona que recibe sabiduría de lo alto no será ni pasiva ni ociosa. Así, cuando Abraham escuchó de la necesidad urgente de Lot, organizó a sus siervos y atacó (Génesis 14:14-15). Cuando Jocabed oyó la orden del Faraón, ocultó al bebé Moisés (Éxodo 6:20). Cuando Rut entendió la situación de Moab e Israel, acompañó a Noemí (Ruth 1:16-17). Cuando David vio al gigante, fue al arroyo a buscar piedras (1 Samuel 17:40). Cuándo Daniel supo del edicto del rey, abrió sus ventanas y se arrodilló y oró (Daniel 6:10).

¿Es el deseo de mi corazón servir a Dios? ¿Y el tuyo? Pues si es así, debemos desear ser movidos por Su sabiduría, y como nos dice Santiago 1:5, la mejor manera de conseguirla es pedirla.

Padre Amado, por favor, dame sabiduría. Yo necesito y deseo esa sabiduría que inspira y mueve el corazón a la obra eterna de tu reino. Ayúdame a distinguir entre mis planes y los tuyos, entre mis energías y tu poder. Amén.

22

La oferta Levítica

Lectura: Levítico 26:1-13

> *Y andaré entre vosotros, y yo seré vuestro Dios, y vosotros seréis mi pueblo.*
> Levítico 26:12

STA FRASE aparece como por sorpresa después de veinticinco capítulos, algo tediosos, de instrucciones sobre sacrificios, dietas, leyes, todas con sus correspondientes promesas positivas y negativas. A primera vista uno diría que un llamamiento a la amistad y compañerismo está fuera de lugar en medio de un laberinto tan grande de información, pues normalmente no es el tema que viene a nuestras mentes cuando pensamos en el libro de Levítico.

Sin embargo, creo que si hiciéramos una operación a corazón abierto al libro encontraríamos que su latido esencial es precisamente el de la comunión. El pulso arterial de este tercer tomo del Pentateuco es ni más ni menos que la invitación a una relación especial con Dios.

El texto se lee como un manual sobre el programa moral de una nación; pero, insertada entre los versículos de este discurso poético, al final del libro encontramos esta oferta del Señor. Se incluye como un beneficio para aquellos que obedecen sus mandamientos; una recompensa espectacular que roza lo increíble. En comparación con su asombrosa naturaleza, un paseo por un jardín magnífico lleno de flores, plantas y árboles exóticos perfectamente cuidados sería aburrido y deslucido. ¿Y qué podría ser tan fascinante?

Pues la oferta que Jehová ha hecho al hombre desde el comienzo de la historia. Si los animales del Edén hubieran podido escribir lo que veían, ¿cómo crees tú que hubieran descrito esos paseos que vieron bajo los árboles al atardecer? ¿Cuántos párrafos hubieran necesitado para capturar adecuadamente las escenas de comunión en la brisa del que era el huerto por excelencia? ¿Qué pensarían al ver cómo el Creador del universo bajaba para encontrarse con la nueva pareja humana y charlar con ellos como íntimos amigos?

He aquí lo asombroso: el Señor del cielo, que se paseaba por los senderos del huerto con Su reciente creación, hombre y mujer, desea hoy hacer lo mismo con Sus redimidos.

Pero esto solo puede suceder mediante el camino de la adoración correcta. Para que esta experiencia sea nuestra tenemos que pasar por la puerta de la santidad. El espíritu del libro de Levítico es de reverencia y humildad, por la cual debo reconocer mi humanidad y la divinidad de Dios. En este ambiente también encontramos el reconocimiento del pecado y la necesidad de pedir perdón. Todo esto produce un tremendo asombro ante el amor divino y la maravillosa gracia de Jehová.

¿Quieres disfrutar de tu caminar con el Señor hoy? No le ruegues que te lo permita. ¡Él ha querido estar contigo mucho antes que tú con Él! Más bien búscale como se debe hacer. Pasa por el umbral levítico y comienza el paseo de tu vida.

Padre Amado, quiero caminar contigo. No querría tener a ningún otro a mi lado. Con tu ayuda me arrepiento de nuevo de mi pecado, apartando todo lo que me distrae y no me conviene, para poder pasear contigo. Amén.

23

Fe de langostas

Lectura: Números 13:16-33

> *También vimos allí gigantes, hijos de Anac, raza de los gigantes, y éramos nosotros, a nuestro parecer, como langostas; y así les parecíamos a ellos.*
>
> Números 13:33

ESTE ES un ejemplo clásico de incredulidad reproducido en un escenario de gigantes y saltamontes. Estos espías representaban muy bien al pueblo de Israel en general – realmente no creían que Dios estuviera con ellos. Si lo hubiesen creído, nos habrían dejado un buen ejemplo de cómo enfrentar a los gigantes, en vez de dejar eso para el rey David muchos siglos más tarde. Pero no. Estos diez líderes decidieron olvidarse de las plagas de Egipto, del camino en medio del Mar Rojo, de la fuente de agua de la roca e incluso de los copos de maná que nevaba cada día sobre el campamento. Pusieron su atención en la grandeza de los gigantes, en su propia pequeñez y en nada más. No estaban preparados para la sorpresa de la prueba, por lo que fueron presa fácil de la incredulidad que ya moraba en sus corazones. Esta desconfianza total controló sus conversaciones, actitudes y decisiones. Desafortunadamente, el resultado fue que influyeron en una generación entera y la condenaron a una muerte seca y polvorienta.

Esta incredulidad me da mucho miedo por el poder de destrucción que tiene.

¿Quién no se enfrenta a obstáculos? Se levantan delante de nosotros como gigantes y en su sombra nos vemos como enanos. ¡Se ven tan grandes!

Pues, ¿cómo puedo estar preparado para estas situaciones? ¿Cómo puedo caminar hacia un futuro desconocido con la seguridad de que no volveré con el rabo entre las piernas? La respuesta mucho tiene que ver con mi dieta; la dieta espiritual, claro. Si mi alma ha estado comiendo de las doctrinas sobre la grandeza y majestad de Dios y también de sus hazañas del pasado, mi mente pensará más sensatamente. No me atacará el pánico. No me quedaré helado ni tampoco saldré huyendo. Sabré cómo reaccionar.

¿Tienes hoy delante de ti algún gigante? ¿Estás comparando su enorme tamaño con tu debilidad? Desafíos en la familia, la presión de los compañeros, o los vicios pecaminosos son algunos enemigos que pueden tomar aspectos titánicos cuando nuestra visión espiritual está dañada.

Si te encuentras hoy en alguna situación parecida, toma un minuto para aprender de una langosta que venció a un gigante. El joven pastor David reconocía su poca fuerza y sus desventajas, pero las olvidó porque fueron ahogadas en la confianza que tenía en Jehová. Con una fe de saltamontes, sus ojos se elevaron más allá de la altura de Goliat hasta ver al Señor por encima de él. ¡Y obtuvo la victoria!

Los diez espías ignoraron el hecho de que los hijos de Anac también eran como langostas, por lo menos a los ojos del Dios de Isaías (40). Aunque fueran un poquito más grandes, eran igualmente diminutas langostas, pues todos somos como pequeños saltamontes delante del Dios Altísimo.

Las langostas gigantes dejan de ser tan imponentes cuando vemos por encima de ellas al Alto y Sublime que se eleva sobre todos.

Padre Amado, recuérdame las graves consecuencias de no elevar mis ojos lo suficiente. No quiero perder tu bendición ni guiar a otros a un desierto interminable y mortal. Amén.

24

Ser diferentes

Lectura: Números 14:1-25

> *Pero a mi siervo Caleb, por cuanto hubo en él otro espíritu, y decidió ir en pos de mí, yo le meteré en la tierra donde entró, y su descendencia la tendrá en posesión.*
>
> Números 14:24

HAY MOMENTOS en la vida cuando debemos ser diferentes, así como lo fue Caleb.

Cuando los que nos rodean se están quejando porque el camino se ha empinado, cuando nuestros compañeros están desanimando a otros en la fe, cuando lo más común es pensar en el poder del enemigo en vez de en el poder de Dios, es hora de que alguien muestre otro espíritu.

Y así lo hizo Caleb.

Participó en la misma misión que los demás príncipes. Se escondió detrás de los mismos árboles y observó desde la protección de las mismas rocas. Miró los mismos valles y las mismas ciudades. Escuchó los mismos sonidos y saboreó la misma fruta. O sea, en cuanto a la experiencia en sí, tuvo la misma aventura que todos los demás. Caleb y su amigo Josué no vieron nada que sus compañeros no pudieran ver también.

Pero, ¡qué diferente fue su informe para Moisés! Es verdad que en un sentido vieron todos lo mismo. Pero en otro parecía que habían ido a mundos diferentes. ¡Casi parece que fueron en dirección opuesta a los demás! Y es que sus conclusiones revelan que sus perspectivas eran completamente otras.

En vez de ver ejércitos insuperables, Caleb vio enemigos derrotados. En vez de ciudades rodeadas de altos muros, él vio oportunidades de escalar hacia el triunfo. En vez de temblar al escuchar los idiomas extranjeros, su corazón hebreo comenzaba a prepararse para el desafío. En vez de añadir su voz al coro de la desilusión, empezó a cantar alabanzas al poderoso Jehová. En vez de dar un reportaje amargo y desalentador como los otros diez, ese guerrero mostró los racimos de uvas de Escol y habló de la dulce victoria que les esperaba. Pero, ¿por qué todo esto?

Porque tenía un espíritu diferente a los demás.

Seguro que el viaje de regreso al campamento no fue muy agradable en compañía de diez gruñones que no hacían más que lamentarse de la situación. Me puedo imaginar a la mayoría de los espías revisando los argumentos y quejas que iban a presentar a Moisés, pero seguro que Caleb no quería saber nada de todo eso. Él sabía muy bien lo que Dios podía hacer.

Y eso es precisamente lo que debe distinguir al cristiano. Tenemos un Espíritu diferente en nosotros: el de Cristo; y eso debería producir una grandísima diferencia en nuestra perspectiva. Nuestro enfoque debería ser diferente. Nuestro análisis debería ser diferente. Nuestra confianza debería ser diferente; porque, alabado sea Dios, ¡nuestra recompensa será también diferente!

¿Qué ves a tu alrededor? ¿Compañeros que se quejan, o personas con necesidad? ¿Peligros económicos, u oportunidades para creer en Dios? ¿Hipócritas, o almas engañadas? ¿Razones para huir, u ocasiones para avanzar en el poder de Dios? ¿Excusas para quejarte o motivos para orar?

El mundo está buscando algo diferente, pues no está nada contento con las cosas como son. Así que, si tú eres como Caleb lo notarán, y serás un testimonio para la gloria del Señor, a la vez que también tomará nota de tu fe Dios mismo.

Padre Amado, ayúdame a disfrutar de las dulces promesas de tu Palabra en lugar de prestar atención a las opiniones amargas del mundo.

Concédeme la fe y el valor para ser diferente, y además, dame fuerzas para hacerlo con alegría, puesto que hacerlo así es ver las cosas como las ves tú mismo. Amén.

25

El huerto de Dios

Lectura: Número 24:1-9

> y alzando sus ojos, vio a Israel alojado
> por sus tribus...
> Cuán hermosas son tus tiendas, oh
> Jacob,...
> Como huertos junto al río,
>
> Números 24:2-6

¡**H**ASTA LEER este pasaje nunca imaginé que yo podría ser como un huerto! En un principio no parece ser muy halagüeño; pero cuanto más lo pienso, mejor me encaja todo.

Considera un huerto. Si te criaste en el campo o has vivido en alguna granja no será muy difícil. Quizá de inmediato salten los recuerdos a la pantalla de tu mente. Ya sea que tengas esos recuerdos o no, acompáñame con tu imaginación y demos un paseo por un huerto. Primero paseemos por los caminos de tierra endurecida que separan las judías verdes. Olfatea el aroma acre de las tomateras. Escucha los jilgueros cantando en las ramas del cerezo y detente para admirar las filas rectas de los guisantes ya listos para ser recogidos. Mira el riachuelo al otro lado de la valla, pero sin dejar de vigilar las abejas dando vueltas alrededor de las frambuesas. En este breve paseo será muy difícil no darte cuenta de la maravillosa variedad con que Dios ha diseñado las hortalizas, verduras y frutas.

Así es como Dios describe a su pueblo, cuando, acampado al lado del Jordán, unos hombres malvados buscaron la manera de hacerle daño. Estos individuos eran enemigos de Israel que, bajo la influencia de Satanás, tramaban destruirles. Querían aniquilar a esa nación recién nacida y borrarla de la tierra. ¡Pero cuán asombrados quedarían al asomarse por el precipicio y ver la impresionante escena que tenían delante!

Y su desolación aumentaría aún más al escuchar impotentes las palabras que Jehová Dios hizo salir de la boca de Balaam. El pueblo de Dios, ordenado y organizado como un hermoso huerto, y protegido por su mano invisible, no iba a ser una presa tan fácil. Sus trucos y supersticiones pronto serían tan inútiles como palos de madera contra espadas de hierro.

Como uno de sus hijos, yo también soy como un huerto espectacular que Dios mismo cuida. Él me ha plantado junto a corrientes de aguas y me ve como un brote pequeño pero único en el huerto fértil de sus redimidos.

A cada uno de nosotros nos cuida personalmente con sus manos y se regocija en esa belleza colectiva que somos para su gloria.

Bueno, lo he expresado así; pero, ¿cómo puede realmente un huerto traer gloria a Dios?

Una de la maneras más obvias es por el fruto que produce. Por lo tanto, surgen una serie de preguntas obligadas: ¿Qué clase y calidad de fruto traeré hoy para el Señor? ¿Añadiré color, forma, olor y sabor a esa gloriosa cosecha con que la familia de Dios le debe honrar? ¡La variedad que somos capaces de generar es maravillosa! Hay expresiones de amor, cánticos de alegría, palabras de paz, sonrisas de contentamiento, toques de ternura, etc. Todos estos producen una fragancia fresca y un perfume dulce que traen buena reputación al Buen Hortelano y desconciertan a los que le odian.

Padre Amado, desde el huerto del Edén hasta la gran edificación espiritual de tu iglesia, desde el más pequeño lirio hasta el gigantesco cedro del Líbano, todo lo que haces es hermoso. Usa también mi pequeña aportación de color y esencia para traer gloria a tu Nombre, para que otros vean tu gracia en mí y te adoren. Amén.

26

Una situación espinosa

Lectura: Números 33:50-56

> Y si no echareis a los moradores del país
> de delante de vosotros, sucederá que los
> que dejareis de ellos serán por aguijones en
> vuestros ojos y por espinas en vuestros
> costados, y os afligirán sobre la tierra
> en que vosotros habitareis.
>
> Números 33:55

JAMÁS ME he pinchado el ojo con un aguijón, pero me duele solo de pensar en ello.

En el caserío Aierdi siempre estamos luchando contra las zarzas en los campos. En un solo verano, lo que empieza siendo una insignificante zarza de nada, se convierte en un gran zarzal que impide que las tres yeguas que nos ayudan cortando el césped puedan comer su porción de buena hierba. Si esto sucede, el esfuerzo requerido para que ese pedazo de terreno vuelva a producir buen pasto otra vez es tan grande que nos recuerda lo importante que es ser fieles en su mantenimiento para que no vuelva a ocurrir. Así pues, es tan fuerte la impresión que dejan las zarzas y los espinos en nuestras mentes que Dios los utilizó para enseñar una lección a su pueblo.

¿Y cuál fue esa lección? Pues la advertencia de lo que ocurriría si no limpiaban completamente la tierra prometida antes de establecerse y empezar a cultivarla. Y aunque este aviso nos puede parecer más propio de un país y una época muy diferentes a lo que tenemos hoy, la verdad es que es mucho más relevante de lo que quizás nos imaginamos.

Casi todos estarán de acuerdo en que es importante hacer una buena limpieza en casa. Y pocos discutirán que también nuestras vidas a veces necesitan un buen repaso. Pero en todo esto de la limpieza se asoma un peligro, especialmente en el ámbito espiritual.

Es el hecho de limpiar, pero no del todo.

A veces llegamos hasta cierto punto, miramos atrás, y decimos: "Vaya, esto se ve mucho mejor." Y es cierto. Ha habido una mejora indudable, y eso hace que entre un aire de satisfacción en nuestro corazón. No hay nada malo en ello.

Pero luego llega el momento espinoso. Hemos limpiado, pero no hemos terminado. Y ahí, en ese punto de reflexión, en la sombra de ese trabajo no acabado reside el peligro.

Frecuentemente, cuando nos detenemos para observar el progreso y disfrutar de nuestros logros, paramos por completo. Hasta el momento teníamos muy clara la meta final, pero en un instante perdemos el enfoque. El Espíritu Santo nos ha conmovido y nos ha impulsado hacia el objetivo de santidad y purificación. Pero al hacer una pausa, vimos el resultado parcial, sonreímos y guardamos la escoba en el armario.

La gravedad de ese error se ve resaltada en este versículo. Esos rincones descuidados de nuestra vida o de nuestra mente llegan a ser criaderos de zarzas y aguijones espirituales. En cuanto crecen un poquito comienzan a pincharnos el alma, trayendo pena y aflicción a nuestro corazón. Como esos zarzales que invaden el campo descuidado, los hábitos y los vicios que antes parecían brotes sin importancia llegan a ser poderosos tentáculos llenos de pinchos que desgarran nuestro ser.

Tengamos cuidado en esos momentos espinosos de reflexión.

Padre Amado, ayúdame a ser meticuloso en mi limpieza espiritual. Dame fe para tirar con fuerza de esas zarzas malignas hasta sacarlas por completo de la tierra de mi corazón. Recuérdame siempre el ejemplo perfecto de Jesús. Aumenta mi visión

para ver los espinos más pequeños y
dame la determinación para seguir
eliminando cada zarzal que veo
en mi campo. Amén.

27

Una obra maestra de lo alto

Lectura: Deuteronomio 4:15-40

> *No sea que alces tus ojos al cielo, y viendo el sol y la luna y las estrellas, y todo el ejército del cielo, seas impulsado, y te inclines a ellos y les sirvas; porque Jehová tu Dios los ha concedido a todos los pueblos debajo de todos los cielos.*
>
> Deuteronomio 4:19

ACTUALMENTE HAY más de mil lugares en el mundo reconocidos por la Unesco como patrimonio de la humanidad. Estos lugares pueden ser espacios naturales o edificaciones creadas por el hombre, y se designan así por su importancia excepcional para la herencia común de la humanidad. La idea básica es protegerlos y preservarlos para que todos nosotros podamos disfrutarlos en la condición más pura y durante el mayor tiempo posible.

Por supuesto, no hay ninguno en el espacio exterior… al menos por ahora.

Ahora bien, cuando Dios habló y por su voz el sol, la luna y las estrellas fueron creados, un hecho se estableció automáticamente. Estos astros no eran Él. Eran entidades separadas, según la lógica más básica. Ninguna creación puede ocupar el mismo espacio que su creador. Aunque los primeros dos cuerpos celestes recibieron responsabilidades específicas, el resto no. A medida que leemos cómo surgieron cada uno de ellos, una verdad impactante se vuelve obvia: esa enorme extensión, repleta de lo que parece una variedad infinita de elementos que empequeñecen nuestro planeta, fue agregada a la escena de la creación simplemente con una pequeña frase. La sensación de calma con la que ocurrió todo debería hacernos tomar una gran bocanada de aire y suspirar, y cuando empezamos a ser conscientes de todas las implicaciones simplemente deberíamos quedar maravillados.

Y eso es exactamente lo que Dios quería; al menos, como primer paso.

La siguiente mención bíblica del gran milagro mencionado anteriormente viene en el mandato del Señor a Abraham, diciéndole que levantara la vista en obediente adoración.

Lamentablemente, la actitud de la humanidad hacia las estrellas y los planetas ha sido, en su mayoría, perversa. Para cuando Moisés escribió Deuteronomio, la escena ya era bastante desagradable. La humanidad había mirado hacia el firmamento y estaban asombrados por lo que veían, pero sus depravados corazones no quisieron discernir. No usaron el sentido común para mirar más allá de los dones dados por el Hacedor. En vez de eso, se detuvieron en lo más obvio y comenzaron a construir altares, coser túnicas y organizar rituales. Decidieron adorar la creación en vez de al Creador.

Este versículo describe los cielos como una herencia universal y global; algo que Dios ha compartido para el beneficio de cada persona en la Tierra. Ha envuelto todo el planeta en este hermoso tapiz para que desde cada territorio se pueda observar una parte de él. Contemplar las constelaciones es gratuito, cualquiera puede admirarlas en una noche despejada y nadie tiene que pagar impuestos por mirarlas o disfrutar de su belleza.

Sin embargo, generalmente nos apresuramos demasiado y no prestamos este tipo de atención. No nos detenemos a considerar la obra maestra de lo alto ni a saborear el privilegio que tenemos de admirarla. !Qué pena!, porque unos pocos minutos de contemplación de las cosas de arriba ayudarían mucho a enfocar mejor nuestros asuntos de aquí abajo. Nuestras metas, nuestros logros, nuestros planes, parecerían mucho más pequeños y no tan sensacionales. Y eso sería bueno.

Así pues, nos encontramos con dos problemas cuando el hombre observa el firmamento:

El primero es que el hombre sin Dios observa la belleza de los cuerpos celestes y adora la creación en vez de al

Creador. El segundo tiene que ver más con el creyente, y surge cuando los hijos de Dios apenas miran hacia arriba; ni siquiera consideran o aprecian lo que Él nos ha regalado.

La próxima vez que puedas contemplar las estrellas, agradécele al Señor por ellas. Alábale porque los cielos nos muestran Su sabiduría y Su poder. Son una obra de arte que debemos disfrutar, pero también incluyen un desafío personal, tal y como demostró Abraham.

Amado Padre, mi inclinación natural es a pensar que todo el cosmos gira en torno a mi agenda y a mis metas. Gracias por poner sobre mi cabeza un recordatorio majestuoso de que yo, y todo lo que hago, somos simples motas de polvo en tu universo. El único momento en que mis actos tienen alguna relevancia es cuando se relacionan con tu voluntad. Amén.

28

Celos divinos

Lectura: Deuteronomio 6:10-25

> *No andaréis en pos de dioses ajenos, de los dioses de los pueblos que están en vuestros contornos; porque el Dios celoso, Jehová tu Dios, en medio de ti está; para que no se inflame el furor de Jehová tu Dios contra ti, y te destruya de sobre la tierra.*
>
> Deuteronomio 6:14-15

UNA MANERA excelente de provocar los celos de Dios es teniendo mala memoria.

En este pasaje el Señor avisó a su pueblo sobre unos peligros ocultos detrás de sus bendiciones. Los judíos iban a recibir muebles, casas, ciudades, infraestructuras y haciendas enteras que otras naciones habían levantado. De ser esclavos y nómadas, iban a convertirse en dueños y señores de la tierra.

Esto era bueno.

Pero junto con todos los tesoros que recibirían por el simple hecho de ser descendientes del hijo prometido de Abraham les llegaría también una peligrosa tentación, como un caballo de Troya. Era la trampa de un corazón olvidadizo de las bendiciones de Dios, y a la vez con una atracción natural hacia dioses falsos. Dios sabía que al ser bendecidos con riquezas inmerecidas serían tentados a dejar a su verdadero Redentor e inclinarse hacia el susurro atractivo de la idolatría. En cuanto sus recuerdos comenzaran a apagarse empezarían a menospreciar aquellas verdades robustas y saludables que protegen el alma de desviarse en busca de otros placeres. Las disciplinas básicas de confianza y gratitud que les unían a Jehová poco a poco se quedarían atrás.

Por eso les avisó de su carácter celoso.

¿Te suena horrible eso? Pues no debería. Los celos de Dios son una protección y salvaguardia contra la tendencia autodestructiva de nuestra brújula moral. Son también la reacción natural y correcta del verdadero amor ante la traición y la falta de fidelidad; y en el caso divino, es una expresión de su compromiso absoluto.

Los celos divinos no incluyen ni un rastro de maldad, e incluso son el enemigo feroz de todo lo que es malo en una relación santa. Piensa en esto: si Dios no respondiera contundente y dolorosamente cuando me salgo del camino correcto, su amor por mi estaría en duda.

Él me rescató de Egipto pagando el precio de rescate más alto que jamás se haya pagado en la historia. Después de tal inversión, Dios no va a dejar que yo vaya neciamente tras los entretenimientos o "souvenirs" cananeos sin presentar batalla. Él sabe muy bien que el ruido y el brillo de todo lo que viene de Canaán es mercancía de mala calidad y barata, pero que seré tentado a poner en ello mi energía y mi tiempo valioso. Conociendo el tirón de mi vulnerabilidad, me recuerda sus celos y las consecuencias de provocarlos.

El tema es a propósito chocante, pues Dios quiere que sienta el golpe mental. Debo luchar con él hasta que lo entienda y pueda responder bien. Es justo que tenga celos por mi, porque soy su posesión.

Así que es bueno recordar que Dios es un Dios celoso. Esta virtud garantiza que nunca dejará que me desvíe sin luchar. Si mis ojos se desvían de Él, vendrá tras mí. Puedo contar con ello… porque es celoso.

Padre Amado, doy gracias por tus celos; aunque a veces, en mi debilidad, y bajo los efectos hipnóticos de la carne, quizá desearía que no fueras celoso; pero esos son momentos de confusión. En lo profundo de mi corazón sé que mi seguridad está ligada a la fidelidad de tu celo por mi. Amén.

29

Detrás del pan

Lectura: Deuteronomio 8:1-10

> *Y te afligió, y te hizo tener hambre, y te sustentó con maná, comida que no conocías tú, ni tus padres la habían conocido, para hacerte saber que no sólo de pan vivirá el hombre, mas de todo lo que sale de la boca de Jehová vivirá el hombre.*
>
> Deuteronomio 8:3

A LO largo del día de hoy la mayoría de nosotros comeremos un bocadillo, un sándwich o alguna clase de bollería. En muchos hogares es difícil concebir un desayuno, comida o cena sin tener algo de pan a mano. Si no es para mojar en el Colacao del desayuno o ayudar a empujar la comida con el tenedor, será para limpiar la salsa que queda en el plato de la cena. Todavía en muchos sitios pasa el panadero por la mañana, dándole al claxon para que todos sepan que el pan fresco acaba de llegar al barrio.

De la misma forma, cada mañana Dios también traía el pan, tipo maná, a los hogares judíos. Les daba justo lo suficiente para que de nuevo a la mañana siguiente tuvieran que salir a por más. El día sexto de cada semana debían recoger el doble para que el sábado no tuviesen que hacerlo. Esta rutina se repitió durante 40 años. ¡Son más de 14.000 días!

Pero igual nos preguntamos: ¿por qué esas instrucciones tan detalladas y por qué durante tanto tiempo?

La respuesta es que Dios le estaba enseñando a su pueblo cómo vivir. Y no solo a ellos. A través del ejemplo israelita, y durante cuatro décadas de un catering divino e ininterrumpido, el infinito Señor del universo estaba mostrando a un mundo de hombres finitos cual era la realidad detrás de su existencia.

Él quería que los judíos, y también nosotros, aprendiésemos que detrás de ese pan blanco con sabor a hojuelas de miel estaba la Palabra omnipotente de Dios. Su nutrición y buena salud no procedían de esas dulces galletitas redondas, sino del aliento y voluntad de Jehová.

En otras palabras, esta no era solamente una lección de provisión física, sino también espiritual. Cada amanecer llegaba con su propio mensaje del cielo. El sabor de la miel en sus labios debía recordarles la promesa fiel de Dios de sostenerles y llevarles hasta la tierra prometida.

En el Nuevo Testamento encontramos este mismo concepto. Por un lado el Señor nos da el "Padre Nuestro" donde encontramos la petición del "pan de cada día". Y luego está también la enseñanza de Cristo por la que debemos creer que Él es el Pan de Vida. El Señor quiere que cuando prepare una tostada por la mañana mire más allá de la agenda para hoy; quiere que me enfoque en el banquete espiritual que disfrutaremos por siempre en los cielos con la Palabra Viva. Todo menú que me coma en esta vida es más bien una cortina fina colgada en frente de la gran realidad que es su poderosa Palabra.

¿Te ha provisto el Señor de tu comida para hoy? Pues mira detrás de lo visible a las manos que lo han preparado. Observa con cuidado y verás que tienen cicatrices — las cicatrices de amor del Verbo de Dios encarnado, que es digno y capaz de cuidar de tu alma para siempre. Aunque no le puedas ver con tus ojos físicos, Él está detrás de tu pan diario.

Amado Padre, muchas veces miro hacia el horizonte buscando evidencia de tu bondad, cuando la tengo justo enfrente. Gracias por la comida, rica y abundante, tanto para mi cuerpo como para mi alma, y por esa eterna Palabra que está presente un poco más allá de lo que soy capaz de ver. Amén.

30

El alcance de la gracia

Lectura: Deuteronomio 30

> *Aun cuando tus desterrados estuvieren en las partes más lejanas que hay debajo del cielo, de allí te recogerá Jehová tu Dios, y de allá te tomará;*
>
> Deuteronomio 30:4

NO HAY duda de que los judíos sufrieron las consecuencias del destierro más que cualquier otra nación en la historia, como dijo aquí Moisés, y literalmente fueron esparcidos por toda la tierra. Pero la promesa de Dios fue clara. No importaba lo lejos que fueran arrojados de Israel, Él los volvería a traer. No habría lugar lo suficientemente remoto donde Jehová no los pudiera encontrar y después devolver a su tierra.

En otras palabras, su misericordia sería tan espectacular como su juicio.

Esta verdad también la podemos aplicar a la redención de las almas; almas pecadoras que han sido arrojadas a la más profunda oscuridad. La Biblia muestra a menudo esta aplicación, pues muchas veces habla del inmenso amor de Dios para con los perdidos y de su extraordinario esfuerzo por rescatarlos.

Pero, ¡cuántas veces me olvido del poder de Su misericordia!

Es sencillo para mí creer que unas personas son más fáciles de salvar que otras. Puedo observar a un individuo que tiene unas actitudes groseras, o un trasfondo pagano, o una posición anti-cristiana, y tacharle de ser una persona imposible de alcanzar para Cristo. También a veces puedo demostrarlo a través de mis oraciones, siendo estas de muy poco fervor o intensidad porque pienso que la persona en cuestión ha ido demasiado lejos en su pecado.

Todo esto es un insulto horrible al Espíritu de Dios.

El Señor se especializa en redimir a los que están lejos. A menudo, aquellos que yo pienso que han pasado el límite o han cruzado la línea roja de la paciencia divina, son precisamente los que Dios pone en su punto de mira. El etíope de Hechos 8, perdido y a punto de salir de Israel; María Magdalena, con su pasado lleno de demonios; Saulo de Tarso, el asesino de cristianos. Todos estos parecían estar a una distancia insalvable para la misericordia divina. Estaban perdidos, fuera de alcance, sin esperanza.

Pero fueron rescatados… de forma individual y de manera permanente y gloriosa.

¡Alabado sea Dios! Con la velocidad de un rayo Él puede llegar al pecador más lejano, romper sin ningún esfuerzo los muros de su razonamiento humano, y devolver a Sion un alma quebrantada, pero muy útil. O también puede alargar su mano con gran lentitud, en un proceso largo y aparentemente infructuoso, pero que al final produce el fruto de vida. De una manera u otra, Él sabe atraerlos a sí mismo.

Así que no dejes de orar por ese familiar, o compañero de trabajo, o vecino. No te rindas por nada ni por nadie, aunque no hayas sabido nada de ellos en años. Dios sabe dónde están y puede llegar a ellos aunque se hayan ido hasta el fin del mundo. No temas. Por medio de la oración tú también puedes llegar a ellos. Ora y cree al Señor, y tarde o temprano serás testigo directo del alcance increíble de la infinita gracia de Dios.

Amado Padre, me avergüenzo de poner límites a tu gracia. No te rindes ni rehúsas ir a por tus hijos, aunque ya hayan desaparecido en el horizonte en su rebelión; ni abandonas a pecadores que parecen estar más allá de toda esperanza. Amén.

31

La Roca

Lectura: Deuteronomio 32:1-43

> *Él es la Roca, cuya obra es perfecta,*
> *porque todos sus caminos son rectitud;*
> *Dios de verdad, y sin ninguna iniquidad*
> *en él; Es justo y recto.*
>
> Deuteronomio 32:4

¿CUÁNDO FUE la última vez que reconociste a Dios como la roca de tu vida? Tal vez hace tiempo.

Para muchos de nosotros la analogía puede ser un poco extraña. Al menos en nuestro mundo occidental pocos vivimos en condiciones donde veamos rocas constantemente o donde hablemos de ellas. Tal vez podamos ver ocasionalmente rocas en un jardín o en el lecho de un río, o incluso como decoración en una pared.

Pero incluso en esos casos las rocas son para nosotros más una cuestión de belleza o de moda. Las rocas pueden estar en el cemento que nos rodea o en los cimientos que dan estabilidad a nuestros edificios, pero normalmente están fuera de nuestra vista, y sobre todo, fuera de nuestros pensamientos.

Es por esta razón que podemos caminar sin percatarnos de que con la imagen de la Roca viene una sensación de seguridad y tranquilidad.

Sin embargo, una cosa está clara: los hombres y mujeres de los días bíblicos consideraban las rocas de suma importancia y se animaban a menudo con este pensamiento.

Moisés comienza su elocuente cántico sobre la singularidad de Jehová con la poderosa declaración de que Él es la Roca, y continúa haciendo énfasis en el tema al mencionarlo otras seis veces en el mismo capítulo. Pero no fue el primero. Jacob nos presentó este título divino cuando bendijo a José en Génesis 49. Siglos más tarde Ana recogió el relevo cuando dio gracias al Señor por haberle concedido su bebé Samuel, diciendo: "tampoco hay refugio (lit. roca) como nuestro Dios". David no iba a ser menos, y atribuyó esta misma imagen a su Rey celestial al menos dos docenas de veces en los Salmos.

Cuando saltamos al Nuevo Testamento nos encontramos inmediatamente en Mateo con la metáfora de la Roca al final del Sermón del Monte. El Señor Jesús concluye este sermón con una parábola en la que compara la obediencia a sus enseñanzas con la construcción sabia de una casa sobre la roca. Finalmente, Pablo agrega una nueva perspectiva al tema cuando identifica la razón por la cual Israel pudo sobrevivir milagrosamente en el desierto: La Roca, cuyo nombre era Cristo.

Así pues, los hijos de Dios eran la gente de la Roca. A su sombra encontraron refugio del peligro y la adversidad. Cuando fueron atacados por enemigos o estuvieron rodeados de conflictos vinieron a buscar refugio al lugar secreto del Altísimo. En la Roca estaban protegidos de las arenas movedizas de las circunstancias. Las inundaciones repentinas, las catástrofes nacionales o los accidentes personales vendrían, pero podrían anclar sus corazones sobre las sólidas doctrinas de Su carácter.

De ella salió agua espiritual y alimento para sus almas. La Palabra escrita de los profetas o su predicación audible fue la expresión de la voluntad divina que trajo fuerza a sus corazones.

Estaban a salvo. Estaban seguros. Estaban saciados. ¡No es de extrañar que cantaran sobre su Roca!

¿Y yo? ¿Estoy firmemente en pie sobre la Roca? Mis actitudes diarias responderán a esa pregunta.

Amado Padre, quiero hacerme eco de las palabras de tus siervos de épocas pasadas de una forma honesta y sabia. Mi tendencia a pensar y actuar, ya sea autosuficientemente o de forma exagerada, es un insulto para ti y una clara expresión de mi propio orgullo. Te alabo por ser la Roca en la que mi perdón y esperanza eterna se mantienen firmes. Gracias, Señor. Amén.

¡Un libro para regalar a otros!
Disponible en Amazon.

Made in the USA
Columbia, SC
16 September 2024

42387412R00074